Bernhard Waldmüller

Führen – sich und andere

Aufmerksam, frei, entschieden

Ignatianische Impulse
Herausgegeben von Stefan Kiechle SJ, Willi Lambert SJ und Stefan Hofmann SJ
Band 82

Ignatianische Impulse gründen in der Spiritualität des Ignatius von Loyola. Diese wird heute von vielen Menschen neu entdeckt.

Ignatianische Impulse greifen aktuelle und existentielle Fragen wie auch umstrittene Themen auf. Weltoffen und konkret, lebensnah und nach vorne gerichtet, gut lesbar und persönlich anregend sprechen sie suchende Menschen an und helfen ihnen, das alltägliche Leben spirituell zu deuten und zu gestalten.

Ignatianische Impulse werden begleitet durch den Jesuitenorden, der von Ignatius gegründet wurde. Ihre Themen orientieren sich an dem, was Jesuiten heute als ihre Leitlinien gewählt haben: Christlicher Glaube – soziale Gerechtigkeit – interreligiöser Dialog – moderne Kultur.

Bernhard Waldmüller

Führen – sich und andere

Aufmerksam, frei, entschieden

echter

Bibliografische Information der Deutschen Nationalbibliothek

Die Deutsche Nationalbibliothek verzeichnet diese Publikation in der Deutschen Nationalbibliografie; detaillierte bibliografische Daten sind im Internet über <http://dnb.d-nb.de> abrufbar.

2. Auflage 2023

www.echter.de
Druck und Bindung: Friedrich Pustet, Regensburg
ISBN
978-3-429-05379-6
978-3-429-05031-3 (PDF)
978-3-429-06441-9 (ePub)

Inhalt

Einleitung

Das Thema, das ich in diesem Buch behandle, beschäftigt mich, seit ich selbst in der Kirche Leitungsaufgaben übernommen und damit begonnen habe, mich mit Fragen des Managements auseinanderzusetzen. Die ignatianische Tradition (zurückgehend auf Ignatius von Loyola, den Gründer des Jesuitenordens) der Spiritualität, aus der ich schöpfe, sagt, dass Gott »in allen Dingen« zu finden sei. Das muss dann auch im Führungsalltag möglich sein: Inmitten von Veränderungsdruck, Entscheidungssituationen, immer neuen Sitzungen, Auseinandersetzungen muss es für mich als Führungsperson[1] möglich sein, dem zu folgen, was für mich Sinn und Ziel meines Lebens und der Welt ist. Ich habe dabei ein Element dieser Spiritualität als für mich tragend und entscheidend erlebt: das sogenannte »Gebet der liebenden Aufmerksamkeit«, für Ignatius die »zehn wichtigsten Minuten« des Tages.

Diese kurze meditative Übung, so meine Erfahrung, macht einen Unterschied: Sie verändert meine Haltung und meinen Blick, sie unterbricht den hektischen Lauf meiner Arbeit, sie schenkt mir Distanz und eine innere Freiheit und eine intuitive Grundlage für mein Entscheiden-Müssen in meiner Aufgabe. Sie ist die Grundlage für die Haltung, die in der Sprache dieser Tradition »contemplativus in actione« heißt, eine Haltung liebevoller Achtsamkeit mitten in der Betriebsamkeit.

Diese betrachtende Übung der Achtsamkeit ist der Dreh- und Angelpunkt meiner Überlegungen: In ihr, das ist die These dieses Buchs, bündelt sich wie in einem Brennglas die ganze Dynamik der »Geistlichen Übungen«, der Exerzitien des Ignatius. Ich werde im ersten Kapitel diesen ignatianischen Hintergrund meiner Spiritualität kurz erläutern. Mir geht es dabei aber nicht um eine Auslegung des Ignatius, sondern darum, was ich von seiner Spiritualität für mein Führungshandeln gelernt habe.

Dieses Buch richtet den Fokus auf *Haltungen*, die aus meiner Sicht für ein ethisch verantwortliches, effektives und effizientes Führungshandeln notwendig sind. Damit ist zugleich gesagt, dass das wichtigste »Führungsinstrument« immer die eigene Person ist. Führung beginnt mit Selbstführung. Hier stoßen wir aber auf ein Dilemma: Lassen sich Haltungen überhaupt verändern? Ich meine: ja. So wie ich Haltungen in meiner Lebensgeschichte, aufgrund vieler Erfahrungen in Kindheit, Schule usw. erlernt und »eingeübt« habe (sie haben sich ja oft als nützlich erwiesen), so kann ich sie auch »verlernen«, indem ich eine andere Perspektive übe. Genau das meint Exerzitien: Üben.

Was ich hier also vorschlage, ist ein Übungsweg, der auf viele kleine Schritte zur Veränderung vertraut. Die »zehn Tools, mit denen ich morgen effizient führe«, und die »fünf Schritte zur Gelassenheit« gibt es meiner Ansicht nach nicht, auch wenn sie tausendfach versprochen werden. Das heißt natürlich nicht, dass ich die Methoden und Werkzeuge des Managements nicht zu erlernen oder zu beherrschen habe: Spiritualität kann nicht eine gute Planung, die sorgfältige Moderation einer Sitzung, die Beherrschung der Feedback-Regeln, die Regeln des Change- oder Projektmanagements usw. ersetzen; ein Irrtum, den ich oft in kirchlichen Kreisen anzutreffen meine. Und ebenso wenig das Fachwissen in meinem Arbeitsbereich. Aber umgekehrt bin ich auch der Überzeugung, dass die Beherrschung vieler verschiedener Management-Tools nicht genügt: Ich kann kein »wertschätzendes« Feedback geben, wenn ich nicht auch die Wertschätzung geübt habe; ich kann mit dem emotionalen Widerstand, der zu jedem Change-Projekt gehört, nicht konstruktiv umgehen, wenn ich nicht auch die eigenen Emotionen mit innerer Freiheit betrachten kann; ich kann mich auf die zündende Idee meines Mitarbeiters, der mir etwas vorschlägt, was meinen Erfahrungen zuwiderläuft, nicht einlassen, wenn ich nicht eine innere Freiheit eingeübt habe …

Das »Gebet der liebenden Aufmerksamkeit« ist nach meiner Erfahrung genau das: ein spiritueller Lern- und Übungsweg, in dem ich nach dieser Achtsamkeit suche. Wie zu jedem Üben gehören dazu auch Fehler, aus denen man lernen kann, und auch hier macht erst Übung den Meister.

Aber wird hier nicht – könnte man einwenden – Spiritualität in den Dienst des Managements gestellt, in den Dienst der Gewinnmaximierung? Ist Spiritualität in diesem Sinn nicht nur ein weiteres Mittel der ständigen Selbstoptimierung, zu der jeder Mensch in der Steigerungslogik der Moderne gezwungen ist? Besuchen nicht deshalb Scharen von Managern Meditationskurse und Achtsamkeitsseminare, weil es der Karriere dient, seitdem auch die Wirtschaft entdeckt hat, dass die sogenannten »soft skills« oder »emotionale Intelligenz« (Goleman)[2] über den Erfolg einer Führungsperson entscheiden – und zwar umso mehr, je höher diese in der Hierarchie steigt?

Ich halte diesen Einwand für berechtigt: Es widerspricht dem Wesenskern einer Spiritualität, wenn ich sie dazu verwende, nur egoistisch meinen Nutzen zu steigern, wenn ich die größere Sensibilität für Emotionen dafür nutze, andere zu manipulieren etc.
Aber ich betrachte diese Kritik auch gelassen: Meiner Erfahrung nach ringen viele Führungspersonen ernsthaft darum, die Anfordernisse ihrer Aufgaben mit ihren Werten in Übereinstimmung zu bringen. Darum halte ich den oft moralisierenden Unterton solcher Kritik für verfehlt.
Mehr noch aber bin ich davon überzeugt, dass ein konstanter spiritueller Übungsweg sich nicht mit einer egoistischen Grundhaltung vereinbaren lässt: Meditation lässt sich auf Dauer nicht durchhalten ohne eine Haltung der Absichtslosigkeit. Ich kann die »Ergebnisse« einer Meditationszeit nicht machen oder kontrollieren. Auf einem spirituellen Übungsweg begegne ich unweigerlich dem Unverfügbaren, dem Geheimnis dieser Welt und meiner Existenz. Und ich kann nicht in der Meditation die Selbstannahme üben und zugleich auf Dauer Menschen instrumentalisieren. Eine so praktizierte Spiritualität steht immer in einer gewissen Spannung zum Management, bei dem es ja gerade um die Erreichung konkreter Ziele geht und gehen muss. Ich meine aber, dass diese Spannung fruchtbar sein kann für den Führungsalltag: Sie verweist mich in meinem konkreten Führungshandeln immer wieder auf die Frage nach den Werten, an denen ich mich ausrichten will, sie lässt mich die Nicht-Steuerbarkeit komplexer Systeme erfahren[3] und aushalten … – und eröffnet gerade so einen Freiraum für ethische Fragen und eine persönliche Entwicklung. So verstanden, ist Spiritualität ein Weg zu einem effektiven, ef-

fizienten und ethischen Führungshandeln: eine Kultur der Wertschätzung z. B. trägt positive Früchte für eine Organisation, egal ob Bank oder Wohlfahrtsverband. Aber in der Meditation zeigt sich schnell von selbst, ob ich wirklich wertschätzend bin oder nur aus taktischen Gründen so tue.

Ebenso könnte man einwenden, dass Spiritualität wichtig sein mag für eine Führungsfunktion in einer Kirche, vielleicht auch noch in einer sozialen Einrichtung oder einer anderen Non-Profit-Organisation, aber sicher nicht in einem politischen Amt oder in der Wirtschaft. Nun ist mir klar, dass sich meine Erfahrungen im »Unternehmen Kirche« nicht einfach übertragen lassen auf ganz andere Bereiche. Aber so ungleich die Kulturen in den verschiedenen Organisationen sein mögen, so sehr ähneln sich doch die Fragen und Herausforderungen, vor denen Führungspersonen stehen: Mitarbeiterführung, Konfliktbearbeitung, Projekt- und Changemanagement usw.

Indem dieses Buch den Fokus auf Haltungen richtet, hat es notwendigerweise eine »individualistische Schlagseite«. Für den Erfolg einer Organisation sind aber zweifellos nicht Einzelne, und seien sie noch so hervorragende Führungspersonen, verantwortlich, sondern die Unternehmenskultur. Dennoch halte ich den Ausgangspunkt für gerechtfertigt: Kulturen werden von Menschen geprägt und Führungspersonen tragen die Hauptverantwortung für die Kultur einer Organisation. Eine »Vertrauenskultur« z. B. muss von der oder den Führungspersonen vorgelebt und verkörpert werden. Vertrauen als Haltung aber muss gelernt, in Enttäuschungen immer neu bewahrt und mit Realismus verbunden werden: Das ist meines Erachtens ein spiritueller Weg. Über diesen grundsätzlichen

Fokus auf die Einzelperson hinaus sollen aber immer wieder Hinweise gegeben werden, wie diese Haltungen in die Kultur eines Teams oder einer Organisation eingebracht werden können. So mögen meine Erfahrungen und Gedanken jenen mehr nützen, die in ähnlichen Betriebskulturen arbeiten wie ich. Ich bin aber zuversichtlich, dass sie allen Führungspersonen Anregung sein können.

Schließlich schreibe ich dieses Buch als gläubiger Christ. Ich stehe mit meinen Erfahrungen in einer bestimmten religiösen und spirituellen Praxis und Tradition. Und ich schätze den Reichtum und die Vielfalt dieser Tradition überaus. Weil dieses Buch aber auch Menschen nützen soll, die sich selbst nicht in der christlichen Tradition sehen, verzichte ich bewusst auf Texte, Gebete, ausdrückliche Bezüge zur Bibel usw. So lieb und teuer sie mir als Teil meiner persönlichen Spiritualität sind, so habe ich volles Vertrauen, dass es solche Texte, Gebete, Rituale auch in anderen religiösen oder weltanschaulichen Kontexten gibt. Das »Gebet der liebenden Aufmerksamkeit« ist Teil einer bestimmten religiösen und spirituellen Tradition, darüber soll in diesem Buch in keiner Weise hinweggegangen werden. Darum behalte ich auch die im deutschen Sprachraum üblich gewordene Bezeichnung als »Gebet« bei. Aber es enthält eine spirituelle Weisheit, die weit über die christliche Tradition hinaus fruchtbar sein kann. Eine Einschränkung allerdings muss ich machen: Nach meiner Überzeugung »funktioniert« der hier vorgeschlagene Übungsweg nur dort, wo ich an eine Wirklichkeit glaube, die größer ist als ich, die mein Leben und diese Welt trägt und die wohlwollend, »liebend« auf mich, die Menschen, diese Welt schaut.

So werde ich zunächst Ignatius und seine Exerzitien knapp vorstellen. Danach stelle ich drei Haltungen – Achtsamkeit, innere Freiheit und Entschiedenheit – vor, die in dieser spirituellen Praxis eingeübt werden, und entfalte ihre Relevanz für die Führung von Menschen und Organisationen.

Ignatius und seine »geistlichen Übungen«

Iñigo de Loyola[4] wird 1491 in einer baskischen Adelsfamilie geboren. Er erhält am spanischen Hof eine militärische und administrative Ausbildung. 1521 werden seine Karriereträume durch eine militärische Verwundung jäh beendet. Auf dem Krankenbett erlebt er eine Bekehrung. Die bisherigen Bilder von Karriere, Ehre und Ruhm lassen ihn innerlich kalt und freudlos; »trostlos« nennt er dies später. Die Vorstellung eines heroischen Lebens nach dem Vorbild der Heiligenlegenden, die er liest, erfüllt ihn hingegen mit Freude, Kraft und Energie: Diese Erfahrung nennt er »Trost«. Hier zeigt sich zum ersten Mal seine Achtsamkeit und Reflexion für die inneren Bewegungen (»mociones«). Mit der ihm eigenen Radikalität sucht er nach seinem Weg der Nachfolge Jesu: Er pilgert nach Jerusalem, er zieht sich in ein abgelegenes Kloster zurück, er fastet so sehr, dass er krank wird – und gerät so in eine tiefe »Trostlosigkeit«. Gerade hier erkennt er aber auch seine Berufung, »Seelen zu helfen«, Menschen spirituell zu begleiten. Als 33-Jähriger drückt er deshalb noch einmal die Schulbank und studiert Theologie in Paris. Dort schart sich schon bald eine kleine Zahl von Gefährten um ihn, die er spirituell mit seinen »geistlichen Übungen«, den Exerzitien,[5] prägt und formt. In Paris schreibt er auch eine erste Fassung der Exerzitien nieder, die er später noch weiterbearbeiten wird.

1539 steht die Gruppe von Priestern, deren »spiritus rector« Ignatius ist, vor einer Wegscheide: Viele von ihnen sind bereits an verschiedenen Orten mit wichtigen Aufgaben betraut bzw. im Aufbruch zu solchen;

die Gemeinschaft droht auseinanderzubrechen. In dieser Situation nehmen sich die zehn Gefährten drei Monate Zeit für einen Prozess der Beratung und des Abwägens, um zu entscheiden, was ihre Berufung als Gemeinschaft ist.[6] Auch in diesem Willensbildungs- und Entscheidungsprozess spielt die Achtsamkeit auf die inneren Regungen eine wichtige Rolle. Nach intensivem Ringen beschließen sie, einen Orden zu gründen, die »Societas Jesu«, die Jesuiten. Ignatius wird ihr erster Leiter. Unter seiner Führung beginnt eine schier unglaubliche Wachstums- und Expansionsphase des Ordens: Als Ignatius 1556 stirbt, ist die Gemeinschaft auf über 1000 Jesuiten angewachsen, sie ist global tätig und hat zahlreiche neue Aufgaben, v. a. im Bereich der Ausbildung, übernommen. Ignatius »managt« diese Expansion von der Ordenszentrale in Rom aus: In Tausenden von Briefen erteilt er seinen Mitbrüdern einerseits klare Aufträge, gibt ihnen aber immer eine große Ermessens- und Entscheidungsfreiheit.

Ignatius vertraut auf die Prägung durch die Exerzitien: Sie befähigt zu Selbstführung und Führung.[7] Dafür will Ignatius nur die besten Kandidaten für seine Gemeinschaft: Obwohl er von allen Seiten Anfragen erhält und diese aus Mangel an Personal oft ablehnen muss, ist ihm die sorgfältige Auswahl, Ausbildung und spirituelle Formung der Mitglieder der Gemeinschaft äußerst wichtig. Damit prägt er zugleich innerhalb der Kirche einen völlig neuen Typ eines Ordens: konsequent ausgerichtet am Auftrag, äußerst flexibel immer in der Lage, Gelegenheiten zu ergreifen. So wehrt er sich z. B. erfolgreich gegen alle Versuche, für den Orden regelmäßige Gebetszeiten wie in Klöstern einzuführen. Die Mission des Ordens, die Arbeit ist ihm wichtiger als lange Gebetszeiten – mit einer entscheidenden Ausnahme: Das sorgsame und aufmerksame Schauen auf das eigene Leben soll nie ausgelassen werden! Denn in ihm wird jene Wachheit und Freiheit eingeübt, auf die es Ignatius ankommt.

Um das zu verstehen, müssen wir uns der Philosophie und dem Aufbau der Exerzitien zuwenden.[8] Ignatius nennt in der Überschrift das Ziel selbst: sein Leben ordnen (EB 21), das heißt, sich all dem Unversöhnten, dem Ungelebten und Unvollendeten im eigenen Leben zu stellen, um im Vertrauen auf einen Gott, der mich unbedingt liebt und annimmt, selbst zu einem liebenden Menschen zu werden. Dafür führt Ignatius die Menschen, die sich seiner spirituellen Führung anvertrauen, in einen Prozess, den er in vier Phasen oder »Wochen« einteilt. Unter der Anleitung eines erfahrenen Begleiters geht jeder Übende in seinem ganz persönlichen Rhythmus durch diesen Weg der Veränderung bzw. Verwandlung.

Der Prozess beginnt mit der Einübung dessen, was Ignatius »Prinzip und Fundament« nennt: Die Übenden meditieren Texte und Bilder, in denen zum Ausdruck kommt, dass sie mit allem, was zu ihnen gehört, angenommen, gewollt und bejaht sind. Das kann sehr herausfordernd sein: In einer solchen Besinnung meldet sich in Menschen häufig, was sie eben an sich selber nicht annehmen, nicht bejahen können. Das immer wieder neue meditative Hören dieses unbedingten »Ja«[9], das Gott zu mir und meinem Leben sagt, die Erfahrung und das Vertrauen darauf, dass ich mich in der Präsenz Gottes unbedingt angenommen und getragen fühlen darf, ist die Voraussetzung dafür, dass der Übende in die Phase der »ersten Woche« einsteigt, in der er sich seinen Schattenseiten, Schuld, Verletzungen usw. stellt. Ich halte das für entscheidend: Im bewussten Blick auf die Schattenseiten des eigenen Lebens geht es gerade nicht darum, mit einem auf Fehler fixierten Blick den Menschen kleinzumachen, sondern weil ich mich als geliebt erfahre, kann ich all das anschauen, was in meinem Leben dieser Liebe widerspricht, sie nicht leben lässt.[10]

Damit tritt der Übende in die »zweite Woche«, an deren Ende er eine »Wahl«, eine grundlegende Entscheidung bzw. Option, für sein Leben trifft. Zuvor aber lässt Ignatius den Übenden meditierend prüfen, wie innerlich frei er ist, sich ganz in den Dienst Gottes und seines guten Willens zu stellen: Suche ich nicht doch meinen Vorteil, bestimmen mich alte Verletzungen, die ich nicht loslassen kann? »Indifferenz« nennt Ignatius diese innere Freiheit mit einem leicht zu missverstehenden Begriff. Sie ist die Voraussetzung für den Höhepunkt des Prozesses: Ignatius führt den Übenden am Ende der zweiten Woche zu einer »Wahl«. Damit ist zugleich der Wendepunkt der Exerzitien erreicht: In der dritten und vierten Woche überprüft der Übende seine Entscheidung in der Meditation der Texte der Leidensgeschichte Jesu und seiner Auferstehung. Der Prozess der Exerzitien endet mit der sogenannten »Kontemplation zur Erlangung der Liebe« (EB 230–237). Hier schließt sich die Kreisbewegung der Exerzitien: Sie beginnen im »Prinzip und Fundament« damit, dass ich mich als geliebt erfahre, und sie enden mit der Betrachtung, wie ich diese Welt und die Menschen darin mit Gott und wie Gott lieben kann und darf. Ich setze mich auf diesem Weg einer Dynamik des guten Willens Gottes für mein Leben und diese Welt aus und trete in diese Dynamik hinein: Ich schwinge ein in den guten Willen Gottes, er wird

durch mein Entscheiden und Handeln Realität. Solches Mich-Einlassen ist immer wieder neu notwendig. Deshalb beginnen auch alle Exerzitienkurse immer beim »Prinzip und Fundament« und enden bei der »Kontemplation zur Erlangung der Liebe«.
Dieser sehr knappe Durchgang durch den Aufbau der Exerzitien soll hier genügen: Vieles wird in den folgenden Kapiteln im Hinblick auf die Leitungspraxis weiter entfaltet. Darin wird die Dynamik des »Gebets der liebenden Aufmerksamkeit« deutlich: Es ist in seiner beständigen Übung ein Exerzitienprozess im Kleinen, die Anwendung der Exerzitien auf das tägliche Leben. Um das zu erläutern, wenden wir uns dem Aufbau und dem praktischen Vorgehen zu.

Das »Gebet der liebenden Aufmerksamkeit«

Die Betrachtung hat eine einfache Struktur. Gerade für denjenigen, der zu meditieren beginnt, ist das sehr hilfreich. Folgender Ablauf hat sich bewährt:

1. Einen Raum schaffen
2. Achtsamkeit für den Körper
3. Dasein in (Gottes) liebender Gegenwart
4. Betrachtung des Tages/meiner Realität
5. Ins Gespräch kommen
6. Abschluss

1. Einen Raum schaffen

Eine solche Übung braucht einen Raum, zeitlich und örtlich und in meinem Erleben. Ich stelle sicher, dass ich nicht gestört werde, nicht durch das Smartphone, das Signal des Maileingangs oder ein Klopfen an der Tür. Vielleicht suche ich auch bewusst einen anderen Raum auf, ich verbringe zehn Minuten meiner Mittagspause in der Kirche oder suche mir eine Bank in der Natur, auf der ich ungestört bin. Wenn ich in einem Zimmer übe, dann bestimme ich einen Ort, an dem ich mich wohlfühle, vielleicht muss ich etwas umstellen, ein Bild platzieren. Vielen hilft es, mit einer Art Ritual zu beginnen: Ich verneige mich, zünde eine Kerze an … Es signalisiert: Diese kurze Zeit gehört nur mir. Wer unter Zeitdruck ist, kann einen Wecker stellen, dann erübrigt sich der nervöse Blick auf die Uhr. Ich selbst beginne sehr bewusst mit dem Kreuzzeichen.

Von der Tageszeit her bin ich frei: Es kann zwar sehr hilfreich sein, die Übung der Achtsamkeit am Abend als Tagesabschluss zu halten, aber ich kann sie ebenso am Morgen oder am Mittag halten. Es gilt auszuprobieren, was zu mir passt und mir guttut.

2. Achtsamkeit für den Körper

Ich beginne die Betrachtung mit der sorgfältigen und liebevollen Achtsamkeit für meinen Körper: Ich suche eine Haltung, in der ich zehn Minuten ruhig sitzen kann. Ein Meditationsschemel kann helfen, Geübte meditieren auch im sogenannten Fersen-Lotussitz. Es genügt aber ein Stuhl mit einer geraden Sitzfläche, auf der ich aufrecht sitzen kann. Die Hände kann ich entspannt auf meine Oberschenkel legen oder sie in meinem Schoß zu einer Schale formen.
Wenn ich meinen Platz eingenommen habe, dann spüre ich den Kontakt zum Boden und zur Sitzfläche. Ich achte auf meinen Atem und beobachte ihn, wie er durch mich hindurchfließt; ich versuche nicht, ihn zu steuern, sondern beobachte einfach. Ich nehme wahr, wie ich in diesem Moment da bin: vielleicht müde und gehetzt, verspannt im Nacken oder völlig unruhig. Es ist, wie es ist, ich nehme es einfach wahr. Manche meditieren im Gehen: Auch dies ist eine Frage der Übung, die Schritte bleiben die gleichen.

3. Dasein in (Gottes) liebender Gegenwart

Ich versetze mich bewusst in die liebende Gegenwart (Gottes).[11] Viele stellen sich vor, liebevoll angeschaut zu werden, andere stellen sich vor, dass sie einen Sonnenaufgang erleben, in dem die Sonnenstrahlen lang-

sam über den ganzen Körper schreiten; ich kann mir auch vorstellen, dass Gott mich mit seinem Leben wie der Atem durchfließt …
Ich darf da sein, so wie ich bin, mit allem, was ich gerade mitbringe oder was mich gerade umtreibt. Ich bitte darum, meine Realität mit derselben liebevollen Achtsamkeit, in der ich mich berge, anschauen zu können.

4. Betrachtung des Tages/meiner Realität

Ich lasse den vergangenen Tag wie einen Film vor mir ablaufen, Szene für Szene, Bild für Bild. Dabei bleibe ich bei dem, was mich berührt, etwas in mir auslöst: ein Telefonanruf, der mich mit einem guten oder unguten Gefühl zurückgelassen hat, eine »schwierige« Begegnung mit einem Mitarbeiter, ein Meeting, in dem Spannungen unter den Anwesenden spürbar geworden sind, die Umarmung meiner Frau, mit der ich heute Morgen aufgebrochen bin … Ich betrachte es und achte sorgfältig darauf, was es in mir auslöst: Freude, Unruhe, Dankbarkeit, Angst, Scham, Schuldgefühle … Ich lasse es da sein und betrachte es. Dabei ist die liebevolle Aufmerksamkeit das Entscheidende. Es geht gerade nicht um eine analytische »Manöverkritik« mit dem Ziel der Optimierung, sondern um das liebevoll-achtsame Betrachten. Das fällt vielen anfangs sehr schwer, weil »Kritik« das Prinzip und sozusagen das Lebenselixier der Moderne ist und uns alle deshalb zutiefst geprägt hat. Mit derselben liebevollen Präsenz, von der ich »angeschaut« werde, schaue ich auf meinen Tag und meine Realität. Weil das so ist, wird es wohl kaum einen Tag geben, an dem ich nicht auch sehe, wie viel Gutes mir widerfährt, was mir geschenkt wird, wofür ich dankbar sein kann.

5. Ins Gespräch kommen

Ich versuche das, was sich in mir bewegt hat, in Worte zu fassen und spreche es (innerlich oder auch vernehmlich) aus: die Freude, die Dankbarkeit, die Ratlosigkeit, den Ärger, den Druck, den Frust … Nicht alles lässt sich in Worte fassen, vieles bleibt vielleicht unbestimmt. Mit alldem darf ich in (Gottes) liebender Präsenz da sein, darf es IHM hinhalten. Für Lesende aus der christlichen Tradition: Es geht nicht um ein »Sündenbekenntnis« in der Tradition des offiziellen Abendgebets der Kirche, sondern ich spreche – nach dem Rat des Ignatius – »wie ein Freund zu einem Freund« und spreche aus, was mich an diesem Tag bewegt hat.
Und ich lege das Kommende, den nächsten Tag, die nächste Begegnung vertrauensvoll in die Hände dieser liebenden Gegenwart.

6. Abschluss

Ebenso wichtig wie der bewusste Anfang ist der bewusste Abschluss, mit dem ich meine »Auszeit« beende. Das kann eine Verneigung sein, ein Gebet (bei mir: das Vater unser), das Kreuzzeichen.
Die Struktur, die Dynamik und die Abfolge der Schritte bleiben immer die gleichen, die Inhalte der Betrachtung können wechseln. Ich kann auf den ganzen Tag zurückschauen, aber vielleicht auch nur bewusst eine Begegnung, ein Ereignis anschauen. Im weiteren Verlauf des Buchs werde ich Variationen vorschlagen,

die aber alle auf dieser Grundstruktur beruhen. Gerade für den Einsteiger ist es sehr hilfreich, diese klare Struktur einzuhalten, mit fortschreitender Übung folgt man intuitiv dem Ablauf.

Wer diese Betrachtung zum ersten Mal macht, wird wohl fragen, wie all das in zehn Minuten unterzubringen sei. Nun wird es sicher Betrachtungen geben, die länger dauern können. Ich muss aber nicht immer den ganzen Tag lückenlos wie mit einer Lupe durchgehen. Oft genügt es, nur ein einziges Bild aus dem vergangenen Tag zu betrachten und einen Moment dabei zu verweilen. Und ich werde die Erfahrung machen, dass sich in der Betrachtung nicht alles löst: Ich kann das ungute Bauchgefühl aus dem Meeting nicht deuten, der Ärger über den Kollegen bleibt. Entscheidend ist, es wahrzunehmen und dort betrachtend zu verweilen, wo sich etwas in mir regt. Zur Pädagogik der Exerzitien gehört die Wiederholung: Ignatius lässt sehr bewusst den Übenden bestimmte Betrachtungen wiederholen. So muss ich meinem Ärger oder einer bestimmten Körperwahrnehmung vielleicht öfters begegnen, bevor mir aufgeht, was da eigentlich in mir vorgeht.
Ebenso wird es dem Anfänger so gehen, dass er ständig »abschweift«: Mal juckt es im Bein, mal fällt mir etwas ein, das ich nicht vergessen darf, mal schweifen Gedanken schon zur nächsten Sitzung … Hier gilt, was für jede Einübung in die Meditation gilt: Der gelassene Umgang mit solchen »Störungen«. Das Bein mag jucken, aber ich darf es für die kurze Zeit ignorieren (und dann vergeht es meist), die Gedanken können abschweifen, aber ich hole sie sanft und bestimmt wieder zurück. Eine große Hilfe ist dabei der

eigene Körper: Wann immer ich den Faden verliere, nehme ich bewusst den Körper wahr, den Kontakt zum Boden, den Atem, und nehme den Faden so wieder auf. Vielleicht erlebe ich die kurze Meditation nur so, dass ich ständig darum kämpfe, wieder in die Aufmerksamkeit zu kommen. Es braucht das geduldige und beharrliche Bemühen, um immer wieder in die Mitte zu kommen. Aber es genügt – und es wirkt. Wenn ich hier den Standpunkt vertrete, dass das »Gebet der liebenden Aufmerksamkeit« so etwas wie der »Brennpunkt« der Exerzitien sei, dann kann man die Frage stellen, ob man als Ungeübter gleich mit dem Brennpunkt beginnen soll oder ob es nicht zwingend ist, zuerst das Ganze der Exerzitien kennenzulernen. Natürlich ist es hilfreich und sehr zu empfehlen, zuerst eine Exerzitienwoche oder Einführungstage für die Meditation zu machen. Es ist unter erfahrener Anleitung eine intensive Einübung all dessen, was die Qualität dieser Übung der Achtsamkeit ausmacht: Wahrnehmung des Körpers, Einübung des Sitzens, Umgang mit Störungen, betrachtendes Verweilen usw. Aber nach meiner Erfahrung ist es möglich, einfach zu beginnen. Entscheidend ist das beharrliche Üben.

Ausrichtung am Guten – den »Willen Gottes« suchen

Die Exerzitien bauen auf der Sehnsucht des Menschen nach dem Guten auf, nach einem sinnerfüllten Leben, nach dem, was die Bibel »Leben in Fülle« nennt. Ignatius ruft dies immer wieder in Erinnerung: Jede Gebetszeit beginnt damit, dass ich darum bitte, immer mehr in jene Dynamik des »Willens Gottes« eintreten zu können, der das Gute für alle Menschen will.[12] Deshalb auch die Bitte am Beginn des »Gebets der liebenden Aufmerksamkeit«, die eigene Wirklichkeit mit jener Liebe betrachten zu dürfen, in der ich mich selbst angeschaut weiß. Diese immer neue Ausrichtung auf das Gute ist wie der »Notenschlüssel« für alles Beten und Meditieren. Und sie ist die unabdingbare Voraussetzung für den hier vorgeschlagenen Weg.

Diese Ausrichtung am Guten hat zwei Dimensionen, eine persönliche und eine organisatorische, die sich gegenseitig durchdringen.

Auf der persönlichen Ebene: Viele Führungspersonen wollen ihre Führungsaufgabe nicht nur technokratisch begreifen und ausüben, sondern ihren Werten und Überzeugungen nach leben. Dann muss das aber sichtbar werden im Führungsalltag, in der Art des Entscheidens, im Umgang mit Mitarbeitenden, in der Sitzungsleitung ... Die Einübung einer Haltung der Aufmerksamkeit ist die täglich neue bewusste Ausrichtung darauf.

Auf der organisatorischen Ebene: Es gehört zu den wesentlichen Führungsaufgaben, ganz gleich ob in Profit- oder Nonprofit-Organisationen, die Werte, an denen sich das Handeln der Organisation orientiert, zu klären und festzuhalten. Viele Organisationen benennen diese in ihren Leitbildern oder Wertekatalogen: In ihnen wird der Auftrag einer Organisation, aber auch die Verpflichtung gegenüber der Gesellschaft, den Mitarbeitenden, der Umwelt usw. formuliert. Die Aufgabe einer Führungskraft ist es, genau diese Ausrichtung am Guten, an einer langfristigen und ethisch verantwortbaren Vision für die Organisation glaubwürdig zu verkörpern und authentisch gegenüber den Mitarbeitenden, Kunden, Investoren … zu vertreten. An dieser persönlichen Glaubwürdigkeit der Führungsperson, die sich äußert in ihrem Umgang mit Menschen, in der zurückhaltenden Wahrnehmung der diversen Vorteile, die mit der Führungsrolle verbunden sind (Gehalt, Privilegien …), hängt viel und sie kommt gerade in Krisen und in Konflikten voll zum Tragen. Und sie ist die entscheidende Voraussetzung für die Überzeugungskraft und die Fähigkeit, Motivation unter den Mitarbeitenden zu schaffen. Dahinter steht die Erfahrung, dass Menschen am ehesten über Werte zu motivieren sind, dass sie von der Sinnhaftigkeit des eigenen Tuns an ihrem Arbeitsplatz überzeugt sein wollen.

Dies gilt nach meiner Überzeugung auch für die Wirtschaft: Ein Unternehmen am Markt muss Gewinn machen, sonst existiert es nicht lange. Aber ich bin überzeugt, dass sich Wirtschaftsunternehmen ebenso effektiv und effizient wie eben auch ethisch verantwortbar führen lassen. Natürlich bewahrt dies nie vor ethischen Dilemmata, nicht davor, harte Entscheidungen zu treffen, für die man sich der Kritik aussetzen muss. Aber eine Ausrichtung auf eine nachhaltige Entwicklung, ein wertschätzender Umgang mit Menschen, der respektvolle Umgang mit unseren natürlichen Lebensgrundlagen werden sich langfristig auszahlen.

Dies ist die Aufgabe der Führungsperson: die Organisation, die Teams mitten in den Herausforderungen des Alltagsgeschäfts immer wieder auszurichten auf die Vision, die das Handeln leitet, und selbst die Leidenschaft für die Vision auszustrahlen, ohne die sie nicht umzusetzen ist.

Mir geht es hier nicht darum, die verschiedenen Werte, die für ein ethisch verantwortbares Führungshandeln nötig sind, aufzuzeigen. Ich vertrete die These, dass, wer immer sich auf den spirituellen Übungsweg des »Gebets der liebenden Aufmerksamkeit« macht, auf diese Werte stoßen wird. Nur wer das Gute sucht, kann es finden. Hier wird meine Argumentation notwendig zirkulär: In der Praxis des »Gebets der liebenden Aufmerksamkeit« gehe ich davon aus, dass ich von einer »guten Macht« gewollt und bejaht bin; ich suche dieses Gute auch für mein Leben und meine konkreten Aufgaben als Führungsperson; und weil ich mich davon bestimmen lassen will, kann ich es finden.

Achtsamkeit – »Liebende Aufmerksamkeit«

Das »Gebet der liebenden Aufmerksamkeit« ist – wie es der Name sagt – eine Übung, eine »Schule« von Achtsamkeit und liebender Aufmerksamkeit. Eine solche wertschätzende Achtsamkeit mir selbst gegenüber ist die Basis echter Selbstführung und damit auch eines ebenso respektvollen wie effizienten Führungsverhaltens. Ich möchte dies anhand eines Beispiels darstellen. Bei meinem spirituellen Tagesrückblick richte ich meine besondere Aufmerksamkeit auf eine Besprechung mit einem Mitarbeitenden, die mich unzufrieden zurückgelassen hat. Ich lasse die Situation wie in einem Film vor mir ablaufen und achte darauf, was sich in mir bewegt:

Ich hatte den Mitarbeitenden um ein Gespräch gebeten, weil ich mit einer Arbeit nicht zufrieden war und ich ihm einerseits möglichst bald ein Feedback geben und andererseits besprechen wollte, wie sich die Arbeit verbessern ließe. Schon bei der telefonischen Vereinbarung des Gesprächs habe ich ein flaues Gefühl im Magen: Es ist nicht das erste Mal, dass ich mit der Arbeit des Mitarbeitenden nicht zufrieden bin, und ich bin auch skeptisch, wie viel meine Rückmeldung bewirken wird, weil mir der Mitarbeitende manchmal grundsätzlich überfordert scheint, was dieser aber anders sieht. Bei der Besprechung bemühe ich mich, die Kritikpunkte möglichst konkret zu formulieren und mit dem Mitarbeitenden Schritte festzulegen, wie das Resultat zu verbessern sei. Weil der Mitarbeitende sich immer wieder rechtfertigt, werde ich zunehmend ungeduldig. Am Ende der Besprechung wirkt der

Mitarbeitende frustriert und ich selber bin unzufrieden, weil ich das Gefühl habe, das Eigentliche wieder einmal nicht zur Sprache gebracht zu haben.
In dieser Betrachtung begegne ich verschiedenen Ebenen der Selbstwahrnehmung und damit auch der Selbstführung:

- Die Signale meines Körpers: Schon vor dem Gespräch nehme ich einen Knoten im Bauch wahr, im Laufe des Gesprächs versteife ich mich im Nacken …
- Meine Emotionen: Das schlechte Gefühl, mit dem ich in das Gespräch einsteige, mündet in Ungeduld angesichts des Widerstands des Mitarbeiters und einer Unzufriedenheit am Ende …
- Meine »inneren Antreiber«: Ich will es besonders gut machen, halte mich an die Feedbackregeln, will »fördern und fordern« …
- Wahrnehmung des Gegenübers und Empathie: Ich bin mir bewusst, dass das Gespräch für den Mitarbeitenden schwierig ist, weil er die Kritik kommen sieht; u. U. ist er sich seiner Überforderung durchaus bewusst. Sie ist aber so bedrohlich, dass er den Gedanken nicht zulassen kann. Am Ende verlässt er frustriert die Besprechung.
- Umgang mit (Zeit-)Druck: Ich brauche die Ergebnisse des Mitarbeitenden, ich stehe selbst unter Druck. Ich habe nicht die Zeit, mich vertieft mit seiner Situation auseinanderzusetzen.

Natürlich werden in einem einzigen Tagesrückblick nicht alle diese Dimensionen gleichzeitig auftauchen, sondern jene, die mich in dieser Situation am meisten berührt hat, die etwas angestoßen hat in mir: vielleicht das Gefühl, dem Mitarbeitenden nicht gerecht geworden zu sein, der Eindruck, dass ich ein Problem vor mir herschiebe, der Ärger über den Mitarbeitenden … Es ist auch nicht entscheidend, denn es geht ja gerade nicht darum, die Situation und mein Verhalten oder das des Mitarbeiters kritisch zu analysieren (das heißt nicht, dass bei anderen Gelegenheiten, z. B. in einem Coaching, nicht genau das getan werden sollte). Meine inneren Bewegungen weisen mir den Weg zu dem, was »dran« ist. Ich will das näher erläutern.

Körpersignale

Die Aufmerksamkeit für den eigenen Körper steht ganz bewusst am Anfang der meditativen Übung, es gibt keine Meditation ohne Einbezug des Leibs. Indem ich den Kontakt zum Boden bewusst wahrnehme, indem ich meinen Atem beobachte, gelange ich ins Hier und Jetzt. Und immer, wenn ich in einer Meditationszeit abzuschweifen beginne, hilft mir die Wahrnehmung des Leibs, wieder die Mitte zu finden. In diesem Sinne ist die Meditation, auch wenn es nur zehn Minuten sind, eine Schule der Achtsamkeit auch für den Alltag: Vor einem Telefonat können sich tatsächlich die Nackenhaare stellen, ich atme schneller und kürzer oder ich versteife mich bei einer kritischen Rückmeldung, der Schweiß bricht aus, ich kann andere Personen wortwörtlich »nicht riechen«, Herzklopfen ... oder ich fühle mich umgekehrt entspannt und gelöst, erlebe mich voller Dynamik und Energie. Es lohnt sich, auf diese Körpersignale zu achten. Die kurze Wahrnehmung der Körperhaltung in einem Gespräch, einer Sitzung kann mir helfen, besser präsent zu sein oder umgekehrt wahrzunehmen, warum es mir nicht gelingt, voll da zu sein. Aber meine Körpersignale sind noch viel grundsätzlicher wichtig für meine sozialen Kompetenzen und mein Entscheiden: Unser emotionales Erfahrungsgedächtnis ist in Form von Emotionen und Körperempfindungen gespeichert. Ohne die Achtsamkeit auf diese »somatischen Marker«[13] können wir gar nicht auf unsere Erfahrungen zurückgreifen oder »kluge« Entscheidungen treffen.

Im liebevollen und sorgsamen Schauen auf mich und meine Wirklichkeit nehme ich die Körpersignale, die vergangenen (im Rückblick) und die gegenwärtigen (vielleicht fühle ich den steifen Nacken auch erst im Rückblick auf eine Situation), »wahr«, d.h., ich bewerte sie nicht. Vielleicht ärgere ich mich, dass es bestimmte Personen immer wieder schaffen, dass ich kurzatmig vor ihnen stehe, oder es stört mich, dass ich in kritischen Situationen zu schwitzen beginne. In der Meditation betrachte ich all dies mit Liebe (bzw. lasse mich mit Liebe betrachten): Ich bin mit meinem Leib bejaht und gewollt und ich blicke dankbar auf das, was er mir sagen will.

Emotionen

Die Emotionen fristeten in der Managementlehre lange ein Schattendasein als »Schmuddelkinder«[14], »richtige« Führungspersonen, insbesondere männliche – so die vorherrschende Meinung –, handelten »rational«. Über Gefühle spricht man nicht, bei der Arbeit und in einer Sitzung hat man »sachlich« zu bleiben. Dies wohl auch deshalb, weil uns in der Gefühlswelt so vieles begegnet, was uns stört (wer gesteht sich schon gerne ein, dass er z.B. neidisch ist?), was wir nicht kontrollieren können und deshalb dem lange gängigen Bild der »heroischen« Führungskraft, die alles im Griff hat, widerspricht. Nicht zuletzt, seit Goleman[15] den Begriff der »emotionalen Intelligenz« auch in die Managementlehre eingebracht hat, ist neu deutlich geworden, dass der Mensch immer aus der Spannung von Emotionalität und Kognition lebt. Hier hat deshalb ein Umdenken stattgefunden: Eine gute Führungsperson ist sich ihrer Emotionen bewusst und hat sie reflektiert, sie bezieht Emotionen bewusst in ihr Führungshandeln ein.

Im »Gebet der liebenden Aufmerksamkeit« gehe ich einen entscheidenden Schritt weiter. Ich bin überzeugt, dass es für ein gutes Führungshandeln nicht genügt, mir meiner Emotionalität bewusst zu sein und dann auf einer sozusagen höheren Rationalität mit ihr zu arbeiten. Vielmehr muss ich mich selbst – und dann auch die anderen Menschen – in meiner Emotionalität wertschätzen, gerade dort, wo ich Seiten an mir begegne, die ich eigentlich nicht akzeptieren kann oder will.

Im spirituellen Tagesrückblick übe ich das, indem ich mit liebevoller Achtsamkeit bei den Emotionen verweile, die sich zeigen. Das können »schwierige« Gefühle sein: Neid auf die größere Begabung eines anderen; Scham, weil ich meine Macht missbraucht habe; Zorn und Rachephantasien gegenüber Menschen, bei denen ich das Gefühl habe, dass sie mich hintergangen haben; Misstrauen oder Müdigkeit angesichts nicht enden wollender Probleme; Minderwertigkeitsgefühle; das Gefühl der Niederlage … Alles Dinge, von denen ich eigentlich nicht möchte, dass sie zu mir gehören, die ich am liebsten verbergen oder noch besser verjagen möchte. Aber auch umgekehrt: Freude über Gelungenes, die Dankbarkeit, zu einem Menschen einen Draht gefunden zu haben, einem Mitarbeitenden geholfen haben zu können, die Wohltat eines guten Feedbacks …

All dies betrachte ich mit hoher Aufmerksamkeit, wenn ich auf meinen Tag oder bestimmte Momente blicke. Noch einmal: nicht im Sinne eines kritischen Richters, der mich be- oder gar verurteilt, sondern indem ich sie liebevoll als einen Teil von mir selbst wahrnehme. Und ich lausche der Botschaft dessen, was sich da in mir bewegt. Unverstellt, realistisch, aber immer mit Wertschätzung schaue ich darauf und lasse es wahr sein. Das kann gerade bei »negativen« Gefühlen eine enorme Herausforderung sein und darum ist es m. E. so unabdingbar, dass ich das in der liebenden Gegenwart (Gottes) tue. Ich übe, »ja« zu mir zu sagen, weil ich darauf vertraue, von einem unbedingten »Ja« getragen zu sein.

In diesem Sinne ist die tägliche Übung der Achtsamkeit eine ständige Schule der Selbsterkenntnis, der Annäherung an die Wirklichkeit meines Seins und des Verlassens meines vielleicht liebgewonnenen Selbstbilds. Es ist eine Schule, eine Übung: Wenn ich regelmäßig auf meinen Tag, auf mein Handeln zurückblicke, dann werde ich bestimmten Emotionen und Mustern immer wieder begegnen, negativ wie positiv. Schritt für Schritt übe und lerne ich, »ja« zu sagen zu mir selbst. Aber klar ist auch, dass ich mich selbst nie restlos annehmen und durchschauen kann: In der Meditation bleibe ich mir selbst immer auch ein Geheimnis.

Bedürfnisse und »innere Antreiber«

In dem Beispiel zu Beginn des Kapitels erfahre ich im Rückblick, wie mein Handeln bestimmt wird von

Stimmen, die ich hier »innere Antreiber« nennen möchte, jenen Stimmen, die sagen: »Ich muss«, »ich sollte«, »ich darf nicht« … Sie stammen aus meinem emotionalen Antriebssystem, sind Muster, die meist mit meiner Erziehung, meinen Erfahrungen in Familie, Schule, Ausbildung ... zu tun haben.[16] Es ist »der Profi«, der sagt: »Ich halte mich an die Feedbackregeln, so wie ich es gelernt habe.« Es ist (bei mir) der Seelsorger, der sagt: »Du musst Verständnis und Geduld haben.« (Das ist nach meiner Erfahrung ein Grund dafür, warum sich Seelsorger oft so schwertun in der Führungsrolle: Sie schaffen es oft nicht, in die Rolle des Vorgesetzten zu wechseln.) Es ist das in der Schule gehänselte Kind, das sagt: »Ich darf nicht zulassen, dass andere auf mir herumtrampeln.« Antreiber wie diese bestimmen unser Handeln in oft intuitiv und blitzschnell ablaufenden Mustern. In ihnen spiegeln sich Erfahrungen, Verletzungen, aber auch tiefsitzende Bedürfnisse: Das Bedürfnis, für meinen Einsatz gewürdigt zu werden; das Bedürfnis, sich zurückziehen und sich in ein Schneckenhaus verkriechen zu wollen; das Bedürfnis, »aufzuräumen«, mal jemandem deutlich die Meinung zu sagen; und dahinter das berechtigte Anliegen, anerkannt zu sein, Gerechtigkeit zu erfahren …

Eine praktische Anregung:
Ich habe das »Gebet der liebenden Aufmerksamkeit« bisher immer als einen meditativen Rückblick vorgestellt. Das ist der Ursprung und der Sinn der Übung. Ich kann mit denselben Schritten aber auch auf eine Situation vorausschauen: Ich lasse in meiner Phantasie eine für mich »schwierige Situation« entstehen, ein

Konfliktgespräch, eine wichtige Sitzung mit heiklen Themen ... Möglichst plastisch stelle ich mir den Raum, die Personen, die Stimmung vor und achte auf das, was es in mir auslöst: die Angst, einen Menschen zu verletzen, die tiefsitzende Aversion gegenüber einem Sitzungsteilnehmer, den Wunsch, ein leidiges Thema endlich zu erledigen ...
Auf diese Weise kann ich ganz anders in die Situation gehen.

Gerade in Krisen- und Konfliktsituationen können sich solche Stimmen sehr deutlich melden – und genauso wie bei den Emotionen ist es wichtig, sie wertschätzend zu betrachten, ihrer Botschaft wohlwollend zu lauschen, selbst dort, wo ich dieses Muster eigentlich schon längst verlassen möchte. Denn in ihnen meldet sich ein Teil meiner selbst, der akzeptiert und angenommen sein will, auch wenn ich mich klar entscheide, dieser Stimme gerade nicht zu folgen.
In diesem Sinne ist die Übung der Achtsamkeit auch ein Teil der Selbstsorge, die Führungspersonen obliegt: die eigene Müdigkeit und die Grenzen meiner Kräfte wahrzunehmen; und umgekehrt: das Bedürfnis nach Ruhe, nach Weiterbildung ... anzuerkennen.

Wertschätzung und Empathie

In der spirituellen Tradition gilt eine »Gleichung«: Ich kann andere nur in dem Grad annehmen, wie ich mich selbst annehmen kann, und ich kann mich selbst nur in dem Grad annehmen, in dem ich mich als (von Gott) angenommen erfahre. Die Forderung nach einem »wertschätzenden« Umgang mit den Mitarbeitenden halte ich für eine moralische Überforderung, wo derjenige, der »Wertschätzung« geben soll, selbst keine erfährt. Deshalb beginnen die Exerzitien und auch das Gebet der liebenden Aufmerksamkeit immer damit, dass ich mich liebend anschauen lasse, damit ich mit demselben liebenden Blick auch auf die Menschen um mich blicken kann. Dostojewski formuliert es so: »Jemanden lieben heißt, ihn so sehen, wie Gott ihn gemeint hat.« Hinzufügen würde ich: mich selbst so sehen, wie Gott mich gemeint hat. Genau dies übe ich in der Betrachtung: den anderen zu sehen mit einem dankbaren Blick für seine wertvollen Fähigkeiten (die jeder hat!), mit seinen Verdiensten für die Firma oder das Team (auch wenn er im Moment vielleicht eher mitgetragen werden muss), mit seinen Ressourcen, die ich als Führungsperson anerkennen und weiterentwickeln kann. In diesem Sinne ist Wertschätzung die unabdingbare Voraussetzung für jede Personalführung und ihre verschiedenen Instrumente wie Feedback, Mitarbeitergespräch und -beurteilung, Konfliktgespräche usw.

Dabei gilt es, ein Missverständnis zu vermeiden: Wertschätzung meint eine grundsätzliche Annahme, nicht aber einen »Schmusekurs«, der unrealistisch über offensichtliche Fehler oder Mängel hinwegsieht. Als Führungsperson schulde ich meinen Mitarbeitern ein klares Feedback, in dem ich möglichst konkret benenne, was in meinen Augen gut oder auch mangelhaft war. Es gibt klare Regeln für das Feedback, die ich als Führungsperson lernen und kennen muss. Die Qualität des Feedbacks hängt aber nicht nur von der Einhaltung dieser Regeln ab, sondern auch ganz entscheidend davon, wie echt meine Wertschätzung ist, mit der ich das Feedbackgespräch führe. Und gerade diese

Wertschätzung führt mich dazu, auch Mängel klar zu benennen: Wenn ich das nicht tue, verstelle ich dem Mitarbeitenden vielleicht gerade die Möglichkeit, sich weiterzuentwickeln, oder stifte Unfrieden im Team. Analog gilt dies auch für andere Instrumente der Personalführung, wie das Mitarbeitergespräch. In diesem Sinne heißt Wertschätzung in verschiedenen Situationen und gegenüber verschiedenen Menschen ganz Verschiedenes: den Unsicheren ermutigen, den Vorschnellen zurückbinden, dem Kreativen den Rücken freihalten … Klassisch und wunderbar formuliert hat das schon Augustinus (354–430), der als Bischof seine Führungsfunktion in diesem Sinne wahrzunehmen versuchte: »Unruhestifter zurechtweisen, Kleinmütige trösten, sich der Schwachen annehmen, Gegner widerlegen, sich vor Nachstellern hüten, Ungebildete lehren, Träge wachrütteln, Händelsucher zurückhalten, Eingebildeten den rechten Platz anweisen, Streitende besänftigen, Armen helfen, Unterdrückte befreien, Gute ermutigen, Böse ertragen und – ach – alle lieben.«[17]

Nun ist es klar, dass mir die Wertschätzung bei einigen Menschen leichter fällt als bei anderen: Wie gehe ich um mit Menschen, die mich mit ihrer Art zur Weißglut bringen, von denen ich vermute, dass sie mich hintergehen, die mich ermüden, weil sie im Klagemodus ständig dieselben Beschwerden vorbringen, ohne wirklich etwas verändern zu wollen …?

In der Tradition der Exerzitien gibt es hier eine bewährte Übung:
Ich bereite meine Meditationszeit mit den üblichen Schritten vor. Dann stelle ich mir vor, dass die

»schwierige« Person, die mich umtreibt, mit mir im Raum ist und mit mir meditiert. Vielleicht muss ich in meiner Phantasie die Person erst im Raum platzieren: näher oder weiter weg von mir, mir zugewandt oder von der Seite … Ganz bewusst stelle ich mich selbst in die liebende Gegenwart (Gottes) und stelle mir vor, dass auch die andere Person in dieser Gegenwart steht. Dann nehme ich wahr, was sich in mir meldet …

Oft sagen mir gerade die »schwierigsten« Personen am meisten über mich selbst, über meine eigenen blinden Flecken, meine Muster, meine Verletzungen … In der Betrachtung, in der ich die Emotionen, die diese Menschen bei mir auslösen, wahrnehme und annehme, gewinne ich den inneren Abstand, den ich brauche, um fair mit diesen Menschen umgehen zu können. In diesem Sinne nehme ich meine Mitarbeitenden regelmäßig »ins Gebet« und kann das nur weiterempfehlen. Denn Wertschätzung und Anerkennung sind in vieler Hinsicht der Kitt, der Teams zusammenhält, und entscheidend für den Erfolg einer Organisation. Menschen arbeiten nicht nur für Geld, sondern sie wollen in ihrer Arbeit gesehen, anerkannt, geschätzt werden. Dies einzuüben ist unabdingbare Arbeit der Führungsperson an sich selbst.

Darüber hinaus ist das Gebet der Aufmerksamkeit m. E. auch eine Schule der Empathie: Mit der bewussten und unverstellten Wahrnehmung meiner eigenen Emotionen entwickle ich auch ein Sensorium für die emotionale Befindlichkeit meines Gegenübers. Gerade in Einzelgesprächen geht es ja um die Kunst, zugleich »bei mir« und »beim andern« zu sein, wach zu sein für das, was mein Gegenüber in mir auslöst,

und aufmerksam für das, was meinen Gesprächspartner bewegt. Das beginnt mit der Aufmerksamkeit für das eigene Körpergefühl und die Körperhaltung und damit auch für die Körpersignale, die mein Gegenüber aussendet. Dazu gehört auch, dass ich dort, wo es angebracht ist, meine eigenen Emotionen auch formulieren kann. Dadurch kann ich mich als Führungsperson verletzlich machen, schaffe aber auch einen Raum des Vertrauens, in dem die Mitarbeitenden ihre eigenen Emotionen zum Ausdruck bringen können.
Wenn (Personal-)Führung heute oft Coaching oder Mentoring der Mitarbeitenden bedeutet, dann ist diese Sensibilität für Emotionen, Körpersignale usw. unabdingbare Voraussetzung. Dies gilt umso mehr im Umgang mit Mitarbeitenden aus anderen Kulturkreisen.
Aber Vorsicht: So geübt ich bei der Wahrnehmung der eigenen Körpersignale und Emotionen sein kann, es gibt keine Garantie dafür, dass ich die Signale meines Gegenübers richtig deute. Hier braucht es den respektvollen Umgang mit den Regeln der Gesprächsführung: »Mir scheint, dass …«, »Wenn ich es richtig sehe, dann …«.

Zeitdruck und Verlangsamung

Zeitdruck ist eine Konstante des Führungsalltags. Das bedingt u. a. der ständige Zwang zur Steigerung der Effizienz in vielen Arbeitsfeldern und zur damit einhergehenden permanenten Beschleunigung. Darauf reagieren viele Führungspersonen mit einer Doppelstrategie: zum einen durch den optimierten Umgang mit der vorhandenen Zeit; Kurse zum Zeitmanagement boomen, ständig werden neue, meist elektroni-

sche Hilfen angeboten, die die (Zusammen-)Arbeit erleichtern (sollen). Zum anderen mit bewussten Momenten der Verlangsamung und »Entschleunigung«. Das regelmäßige meditative Schauen auf mein Leben ist eine bewusste Verlangsamung der Zeit, eine Unterbrechung, ein Atemholen der Seele. Insofern ist es Teil der notwendigen Selbstsorge einer Führungsperson und einer gesunden »Life-Balance«. Ich bin aber überzeugt, dass es darüber hinaus wesentlich zu einer effizienten Wahrnehmung der Führungsrolle beiträgt, nämlich durch die bewusste Aufmerksamkeit für die eigenen Emotionen. Emotionen ebenso wie Körpersignale sind ein »Signal- und Alarmsystem«[18], das Geschehen einordnet und bewertet, das aber intuitiv und blitzschnell abläuft. Deshalb ist Verlangsamung unabdingbar, um diese mit den kognitiven Abläufen zu koordinieren. Genau das meint »emotionale Intelligenz«. Nur wer sich bewusst die Zeit nimmt, in einer Welt des Multitasking zu unterbrechen, die emotionale Befindlichkeit und mit ihr die Körpersignale wahrzunehmen, hat die Chance, viele Fehler zu vermeiden, weil er nicht unbewusst seinen emotionalen Mustern folgt. Denn gerade unter Druck greifen Menschen auf eingeübte Muster zurück, egal ob diese Muster nützlich sind oder längst kontraproduktiv.
Das »Gebet der liebenden Aufmerksamkeit« fördert die Kunst der Unterbrechung: Ich muss nicht auf jede E-Mail sofort antworten, ich muss nicht auf alles sofort eine Antwort haben, ich muss mir im Hin und Her der Argumente die Zeit nehmen, auf mein »Bauchgefühl« zu achten. Gerade in einer Aufgabe, die Planung, Zielstrebigkeit und Beherrschung der Situation erfordert, vermindern zehn Minuten betrachtendes Schweigen, in denen ich mich der Unkontrol-

lierbarkeit meiner eigenen Emotionalität aussetze, nicht die Qualität meiner Arbeit, sondern erhöhen sie. Sie helfen mir, unter Umständen auch einmal Nein zu sagen, den Druck von oben nicht einfach nach unten weiterzugeben, in einer unübersichtlichen Situation das Wesentliche im Auge zu behalten.

Natürlich habe ich mitten in einem hektischen Tag oft nicht die Möglichkeit, zehn Minuten zu unterbrechen, aber zum einen ist die Betrachtung eine Schule der Verlangsamung, die auch auf meinen Alltag durchschlägt, zum anderen gibt es die Möglichkeit einer sehr kurzen Unterbrechung, die ich hier noch als Anregung hinzufüge.

Eine Übung aus der Tradition der Exerzitien: Unterbrechen Sie die Arbeit »für die Dauer eines Vater unsers« (das sind 20 bis 30 Sekunden). Das ist fast jederzeit möglich: Ich suche einen guten Stand oder Sitz, schließe einen Moment die Augen, lenke meine Aufmerksamkeit auf den Körper, nehme den Kontakt zum Boden wahr, beobachte den Atem und lasse mich so, wie ich gerade bin (hektisch oder müde, wütend oder verzagt ...), liebend anschauen. Dieses kurze Innehalten lässt mich bei mir selbst sein und verändert so die Qualität des nächsten Gespräches, der nächsten Sitzung.

Vertrauen

Vertrauen ist eine Grundvoraussetzung für das Funktionieren von Teams, Organisationen, Prozessen usw. Vertrauen schaffen ist daher eine der Grundaufgaben von Führung. Denn auch wenn in einer Organisation, in der eine »Vertrauenskultur« herrscht, Vertrauen auf allen Ebenen gegenseitig vorhanden sein muss, so ist Vertrauen zunächst immer eine Vorleistung der Führung. Jede Führungsperson, die über zu wenig Vertrauen von Seiten der Mitarbeitenden klagt, muss sich immer zuerst fragen, inwieweit sie Vertrauen in die Mitarbeitenden hat und inwieweit sie mit ihrer Kommunikation und ihrem konkreten Handeln dazu beiträgt, dass Vertrauen wächst: Welche Aufgaben delegiere ich, und vergebe ich bei der Delegation auch klare Aufträge und Kompetenzen? Wie erarbeite ich mit den Mitarbeitenden die Ziele und gebe ich den Mitarbeitenden auch den nötigen Freiraum, damit sie diese mit Selbstverantwortung und in ihrem eigenen Tempo erreichen? Wie gehe ich mit meinem Informationsvorsprung um: Teile ich Informationen oder horte ich sie als Teil meiner Machtbasis? Diese und ähnliche Fragen müssen sich Führungspersonen immer wieder stellen. Damit ist natürlich nicht gesagt, dass die Erreichung vereinbarter (Zwischen-)Ziele nicht auch kontrolliert werden sollte und müsste, dass im Umgang mit Finanzen nicht auch Kontrollmechanismen installiert sein müssen usw. Vertrauen muss immer realistisch sein: Es weiß um die Grenzen von Menschen und die Unberechenbarkeit und Unkontrollierbarkeit von Situationen. Aber: Nur wer vertraut, kann delegieren, kann Ziele nicht nur vorgeben, sondern sie in einem offenen Prozess mit dem Mitarbeitenden vereinbaren, weil er auf die Fähigkeiten und den Leistungswillen des Mitarbeiters vertraut. Zu diesem Vertrauen gehört auch, dass ich mit dem Mitarbeitenden das Risiko des Misserfolgs teile. Ein Mitarbeiter, der fürchten muss, dass der Vorgesetzte ihn bei einem Misserfolg »im Regen stehen lässt«, wird in

seinem Verantwortungsbereich nichts wagen. Kreativität, Innovation sind nur möglich in einer Vertrauensatmosphäre. Vertrauen wagen gehört also zur Grundhaltung einer Führungsperson.
Aber für das Vertrauen gilt dieselbe »Gleichung« wie für Wertschätzung oder Empathie. Ich kann Vertrauen nur schenken, wenn ich Vertrauen erfahren habe, ich kann anderen nur vertrauen, wenn ich mir selbst vertraue, und ich lerne Vertrauen, wo ich in der Meditation erfahre, dass ich vertrauensvoll vor der liebenden Gegenwart (Gottes) angenommen bin, wo ich gleichsam immer neu den »Vertrauensvorschuss« erlebe, dass ich mit allem, was zu mir gehört, angenommen und bejaht bin. In der Meditation erfahre ich, dass ich darauf vertrauen kann, dass ich auch mit den mir unangenehmen Emotionen, mit Zorn, Neid, Mutlosigkeit … nicht aus dieser liebenden Gegenwart falle. Ich kann erfahren, dass ich auch in meinem Scheitern, meinem Versagen oder meiner Schuld angenommen bin; ich lerne Vertrauen in die eigene Emotionalität, in die Körperwahrnehmung, die Signale, die mir mein Erleben sendet, weil ich erlebe, wie sie mich weiterführen. Und ich erfahre, dass ich in der Meditation die Kontrolle und die Beherrschung der Situation, die ja von mir als Führungsperson oft erwartet werden, loslassen kann – und mich dabei nicht verliere, sondern finde. Die Meditation ist also die Einübung in ein Grundvertrauen, ohne das ich anderen kein Vertrauen schenken kann.

Im Teamkontext

Es ist selbstverständlich, dass sich mit dem Üben einer liebenden Achtsamkeit, mit der Erfahrung, bejaht zu sein und Wertschätzung schenken zu können, mit einer bewussten Verlangsamung in der Wahrnehmung … auch meine Präsenz in einem Team, einer Arbeitsgruppe verändert, die ich unter Umständen leite. Vieles von dem, was ich oben in Bezug auf den Umgang mit Mitarbeitenden gesagt habe, gilt analog für die Arbeit in Teams. Auf zwei Aspekte möchte ich hier eigens hinweisen.

Zum einen: Emotionen spielen in der Gruppendynamik und in Teamprozessen eine nicht zu unterschätzende Rolle, dennoch sind sie in diesen Kontexten oft verpönt: »Bleiben Sie doch sachlich«, ist eine oft gehörte Aufforderung. Ich lese daraus eine tiefsitzende Angst, die emotionale Dimension eines Themas, einer Frage, eines Problems zur Sprache zu bringen, weil dann die Situation unkontrollierbar werden könnte. Lieber diskutiert man auf einer »sachlichen« Ebene; im Hinter- oder besser Untergrund aber entfalten die Emotionen der Anwesenden ihre Wirkung. Denn alle bringen ihre Emotionen, ihre »inneren Antreiber« und Bedürfnisse, ihre Verletzungen usw. mit, und häufig liefert man sich auf der »sachlichen« Ebene dann Scheingefechte, weil niemand es wagt, die tieferliegenden Bedürfnisse, den Zorn oder das mangelnde Vertrauen auszusprechen. Nun ist ein Team keine Selbsterfahrungsgruppe, in der man sich die Befindlichkeiten mitteilt, sondern ein Team hat immer einen Arbeitsauftrag, den es umzusetzen gilt. Die Thematisierung von Emotionen ist also nur insoweit gerechtfertigt, als sie dazu dient, diesen Auftrag besser umsetzen zu können, indem z. B. Blockaden gelöst oder Konflikte bearbeitet werden. Denn die Teammitglieder haben auch ein Recht auf den Schutz ihrer emotionalen »Intimsphäre«.

Aufgabe der Führungsperson ist es immer, mit einem wachen Sensorium für die Emotionen in einem Team unterwegs zu sein, sowohl für die eigenen, aber eben auch für diejenigen der anderen Teammitglieder. Ich bin überzeugt, dass das Einüben einer liebevollen Aufmerksamkeit wesentlich hilft, durch sorgfältiges Zuhören, durch die Wahrnehmung der Körpersignale, durch das kluge Zur-Sprache-Bringen von Emotionen Teams besser leiten zu können. Wenn Teammitglieder erleben, dass sie auch mit ihren emotionalen Bedürfnissen wahr- und ernst genommen werden, dann wächst Vertrauen – in das Team und in die Leitung. Das ist entscheidend gerade dort, wo um wichtige Entscheide gerungen wird, oder in Konflikten.
Zum anderen: Führungspersonen sind so etwas wie »emotionale Magneten« eines Teams: Gewollt oder ungewollt orientieren sich die Teammitglieder an ihnen. Sie schenken ihnen erhöhte Aufmerksamkeit, sie werten ihre Beiträge tendenziell höher als diejenigen anderer Mitglieder. Dadurch übertragen sich ihre Stimmungen und Haltungen auf die anderen Teammitglieder: Wo sie Aufmerksamkeit, Empathie oder Vertrauen ausstrahlen, prägen sie die Atmosphäre des Teams. Wenn man ein Team als »Empathienetz« umschreiben will, dann ist die Führungsperson die Mitte dieses Netzwerks.

Dankbarkeit: die Liebe lernen

Wenn man dieses Kapitel liest, dann kann der Eindruck entstehen, als würde hier das »Gebet der liebenden Aufmerksamkeit« als ein Allheilmittel vorgestellt, mit dem sich jede Fehlhaltung einer Führungsperson beheben ließe. Dem ist natürlich nicht so: Selbstvertrauen und Empathie z. B. »entstehen« nicht einfach aus der Meditation, sie sind in der Person und ihrer (Kindheits-)Geschichte grundgelegt. Deshalb halte ich die Forderung, dass Führungspersonen empathisch usw. sein müssten – so wichtig dies im Führungsalltag sein mag –, im Grundsatz für eine moralische oder vielleicht besser moralisierende Überforderung. Entscheidend ist daher für mich das Wort »Übung«: Wertschätzung, Vertrauen sind nicht einfach da. Aber sie können erlernt,[19] geübt, vertieft werden. Das »Gebet der liebenden Aufmerksamkeit« ist der spirituelle Weg, den ich dabei für mich als hilfreich erfahren habe. Diese einfache meditative Übung kann dazu beitragen, diese für das Führungshandeln so notwendigen Haltungen zu stärken und zu vertiefen.

Letztendlich führt seine Dynamik aber immer über den Nutzen für den Führungsalltag hinaus: Wie ich in der Einleitung dargelegt habe, geht es darum, ein liebender und deshalb dankbarer Mensch zu sein bzw. zu werden: Die Exerzitien beginnen mit dem »Prinzip und Fundament«, der Erfahrung, dass ich im Tiefsten angenommen bin, und enden mit der »Betrachtung, um die Liebe zu erlangen«, der Meditation, mit der ich die Liebe zu den Menschen und der Welt einübe. Mit anderen Worten: Ich erfahre mich als unbedingt bejaht, lerne mich selbst zu bejahen, um auch die Mitmenschen bejahen zu können. Dies ist keineswegs zu abgehoben für die Führungsaufgabe. Denn letztendlich geht es immer darum, die Menschen, mit denen man zu tun hat, zu mögen, sie zu schätzen. Nur dann kann man ihnen gerecht werden. Das gilt umso mehr für jene Menschen, mit denen ich mich schwertue.

Die aufmerksame Betrachtung schließt immer mit dem Dank: Wer liebend auf sein Leben und seine Situationen schaut, wird immer Grund zum Dank finden. Denn ich bin nicht dankbar, weil mein Leben so schön ist, weil Menschen mir Gutes tun, sondern umgekehrt: Weil ich mit einer Grundhaltung der Liebe auf mein Leben blicke, entdecke ich, wie viel Gutes ich von anderen erfahre, wie viel mir einfach geschenkt ist. Das gilt auch, wo mir Schwieriges widerfahren ist, wo ich mit den eigenen Abgründen und Grenzen in Kontakt komme: Im Rückblick kann ich aus allem lernen – auch aus Verletzungen, Misserfolgen und erlebter Ungerechtigkeit –, aber eben nur, wenn ich mich und auch die anderen in der liebevollen Perspektive (Gottes) sehe. In diesem Sinn kann auch Dankbarkeit als Haltung eingeübt werden.

Innere Freiheit – »Indifferenz«

Wem folge ich?

In der regelmäßigen Praxis des »Gebets der liebenden Aufmerksamkeit« begegne ich mir selbst, erfahre ich mich selbst in ganz verschiedenen Dimensionen und Situationen: meinen Leib und meine Emotionen, meine inneren Antreiber … All diese »Bewegungen« bestimmen mein Innenleben, sie beeinflussen meine Wahrnehmung, meinen Umgang mit Menschen, meine Vorliebe für Aufgaben oder die Scheu, sie anzupacken, meine Bereitschaft, mich auf Neues einzulassen, ebenso wie mein Verhalten in einem Konflikt.[20] All dies begegnet mir in der Meditation, und im letzten Kapitel ist deutlich geworden, wie wichtig es ist, diese Regungen liebend zu betrachten. Ja zu sagen zu mir selbst auch dort, wo ich meinen dunklen Seiten begegne. Denn alle diese Regungen sind nicht nur ein Teil meiner Person, den es anzunehmen gilt, sie haben auch eine »Botschaft« für mich, auf die es zu hören gilt.

Entscheidend ist nun die Frage, wie weit ich mich von diesen Bewegungen in meiner Wahrnehmung, in meinem Denken, Handeln und Entscheiden bestimmen lasse bzw. bestimmen lassen will. Ich kann meine Führungsaufgaben nur ethisch verantwortlich, effektiv und effizient wahrnehmen, wenn ich mich hier um eine grundlegende innere Freiheit bemühe: Ich nehme meinen Ärger wahr, aber ich lasse mich nicht von ihm hinreißen; ich erkenne, wie mich ein positives Feedback motiviert und freut, aber ich lasse mich nicht davon einlullen; ich bin mir meiner Ängste bewusst, wenn ein neues Projekt meine Aufgaben verändern könnte, aber ich würge die Diskussion darüber nicht einfach ab …

Ignatius nennt diese innere Freiheit mit einem heute vielleicht missverständlichen Begriff »Indifferenz«. Er will in seinen Exerzitien Menschen zu Entscheidung und Entschiedenheit hinführen, dazu, dass sie ihr Leben »ordnen«. Dafür aber ist die Freiheit gegenüber all diesen Regungen, die für ihn in diesem Moment noch »ungeordnet« sind, die Voraussetzung. Deshalb will er die Übenden in das »Gleichgewicht der Waage“ (EB 179) bringen, in der sie frei entscheiden können, auf welche »Botschaften« sie hören und welchen Bewegungen sie folgen wollen. Es geht um einen Zugewinn an Freiheit: Ich bin frei davon, von meinen Emotionen gesteuert zu werden, ich bin frei darin, auf Menschen zu hören, die mir eigentlich unsympathisch sind. Dabei ist »Indifferenz« für Ignatius kein Ziel oder Selbstzweck, sondern immer ausgerichtet auf das Entscheiden und Handeln: Es geht gerade nicht um eine unterschiedslose »Gelassenheit«, die sich nicht berühren oder aus der Ruhe bringen ließe, sondern um eine Freiheit in einer bestimmten Hinsicht, damit diese zu Entscheidungen und Entschiedenheit werden kann. Deshalb lässt Ignatius denjenigen, der vor Entscheidungen steht, sich selber prüfen mit Fragen wie: »Wenn ich mein Leben als Ganzes betrachte, ist diese Option dann immer noch so attraktiv?«, »Würde ich dieses Projekt auch befürworten, wenn ich wüsste, dass ich selbst nicht Teil davon sein kann?« (Vgl. EB 184–188). Dabei ist Ignatius klar, dass alle Aufmerksamkeit nie zu einer völligen Freiheit führen kann, es geht ihm um hinreichende Freiheit gegenüber inneren Festlegungen: »wieweit es von mir aus möglich ist« (EB 165), formuliert er deshalb.

Das, was mit »Indifferenz« gemeint ist, erscheint in der Literatur oft als »Self-Management«.[21] Ich halte diese Terminologie für unglücklich: Ich kann meine Emotionen nicht »managen« im Sinne von kontrollieren, ich kann sie auch nicht »loslassen«, so dass sie nicht mehr vorhanden wären. Emotionen, die z.B. alten Verletzungen entspringen, sind immer ein Teil von mir und meiner Lebensgeschichte und in einem gewissen Sinne daher auch wertvoll, so schmerzlich sie sein mögen. Darum ist es m. E. so wichtig, sie zunächst liebevoll wahrzunehmen. Denn wie es eine Weisheit aus China sagt: »Ich kann nur das verändern, was ich angenommen habe.« Aber in der liebevollen Betrachtung meiner inneren Bewegungen trete ich zugleich in eine innere Distanz zu ihnen: Ich »bin« nicht mehr meine Wut oder meine Angst, sondern ich betrachte sie und ich höre ihre Botschaft. Ich werde von ihnen nicht bestimmt, sondern habe die Freiheit, zu entscheiden, was an ihnen wertvoll ist und mein Handeln bestimmen darf und soll. Das ist aber nur möglich mit der Unterbrechung, die das »Gebet der liebenden Aufmerksamkeit« ermöglicht. Natürlich kann ich nicht in jedem kritischen Moment, wo meine Angst oder mein Ärger oder mein Enthusiasmus mich durchströmen, zehn Minuten Meditation einschalten. Und selbstverständlich kann man von mir als Führungsperson Selbstbeherrschung erwarten: Ich kann meiner Wut nicht einfach nachgeben und herumschreien oder jede missverständliche E-Mail sofort scharf beantworten. Aber im meditativen und liebevollen Hinschauen lerne ich, immer wieder zu unterbrechen, die Dynamik der Emotionen zu unterbrechen. Ich entwickle im achtsamen Rückblick ein Sensorium für diese inneren Bewegungen, das mir (immer mehr) hilft, in wichtigen Momenten wie einen Schritt nach hinten zu treten und mich zu fragen, aus welchen Motiven ich was zu tun beabsichtige: Befürworte ich ein Projekt, weil es meine eigene Stellung im Team stärkt? Reagiere ich auf eine Kritik so ablehnend, weil sie von einer Person kommt, die wie mein Vater auftritt? Lasse ich bestimmte Fragen gar nicht erst zu, weil sonst meine eigene Ratlosigkeit und Unsicherheit sichtbar würden? Habe ich die Freiheit, mein Lieblingsprojekt zugunsten eines anderen fallen zu lassen; die Freiheit, auf eine mir unsympathische Person zu hören; die Freiheit, zu meiner Unsicherheit zu stehen? Habe ich, wie die Indifferenz manchmal umschrieben wird, die »Freiheit zum Gegenteil«? Ignatius formuliert hier wunderbar: »Wahre überall die Freiheit des Geistes und, vor wem auch immer, scheue niemanden, sondern habe immer die Freiheit des Geistes zu Gegensätzlichem und verliere sie um gar keines Hindernisses willen; darin lasse niemals nach.“[22]

Führungsverständnis

Wer sich immer neu um diese Freiheit des Geistes müht und sie lebt, dessen Führungsverständnis und Führungsverhalten wird sich zwangsläufig ändern. Wer seine inneren Antriebskräfte sorgsam wahrnimmt und in eine Distanz zu ihnen treten kann, der wird auch gelassen zu seinen Unvollkommenheiten, seinen Fehlern und Grenzen stehen.

Je nach dem Feld, auf dem ich als Führungsperson arbeite, bewege ich mich in einem sehr dynamischen Umfeld, das geprägt ist von raschem Wandel, den ich nicht kontrollieren und oft nur sehr begrenzt steuern kann. Organisationen sind – im Sinne der Systemtheorie – komplexe Systeme, d. h., sie lassen sich nicht einfach voraussagen.

In einem solchen Umfeld lässt sich das lange vorherrschende »heroische« Führungsverständnis nicht durchhalten bzw. wird dysfunktional: die Führungsperson, die alles weiß, alle kennt, nie die Kontrolle verliert und genau weiß, wo es langgeht … Interessanterweise trifft man in der Kirche dieses Führungsverständnis noch sehr häufig an, allerdings nicht im Bild des »Helden«, sondern des »Hirten«: Der Hirte kennt alle seine »Schafe«, kümmert sich um alle, weiß den Weg (für alle) … Mit einem solchen Selbstverständnis kann ich kaum vereinbaren, dass ich in den vielfältigsten Herausforderungen meiner Rolle unsicher oder sogar ratlos bin, dass ich viele Dinge gerade nicht im Griff habe, dass ich gerade keine Lösung oder Vision habe, mit der ich den Weg aus einer Problemlage weisen kann … Abgesehen davon, können »Helden« oder »Hirten« nur schwer Partizipation zulassen. Es ist bezeichnend, dass Papst Franziskus dieses Leitbild für Führung in der Kirche mit neuen Nuancen und Bedeutungen füllt.

Ehrlicherweise muss aber auch gesagt sein, dass Führungspersonen nicht nur von sich aus zu solchen Selbstzuschreibungen neigen: Rollenverständnisse werden in der Kultur einer Organisation weitergegeben und oft genug wird diese Erwartung auch von Mitarbeitenden an die Führungsperson herangetragen: Es kann für sie entlastend sein, wenn sie die Problemlösungskompetenz und damit auch die Verantwortung an den Chef delegieren können. Mit steigender Komplexität der Führungsaufgaben aber, davon bin ich überzeugt, wird ein solches Führungsverhalten langfristig kontraproduktiv, weil ich so die Ressourcen der Mitarbeitenden gerade nicht wahrnehmen und entwickeln kann, weil die gegenwärtigen Herausforderungen vernetztes Denken von vielen fordern, weil das Tempo der Veränderung Einzelpersonen häufig überfordert.

Wenn ich »indifferent« bin, dann kann ich

- *zu meinen Fehlern stehen*: Wenn ich die Angst vor einem Gesichtsverlust ablegen kann, dann kann ich Fehler anerkennen und muss sie nicht verleugnen oder andern zuschieben. Und erst dann kann ich (oder können wir als Team) aus Fehlern lernen;
- *meine Begrenztheit akzeptieren*: Es gibt in jedem Team Personen, die in einer bestimmten Frage kompetenter sind als ich. Dies stellt nicht meine Führungsrolle in Frage. Erst wenn ich die Freiheit habe, dies anzuerkennen, bin ich in der Lage, den Wert ihres Beitrags zu erfassen;
- *Kritik entgegennehmen*: Es ist eine der wichtigsten Fähigkeiten von Führungspersonen, auf Kritik zu hören, selbst dort, wo sie unter Umständen in unfairer Weise erfolgt. Wo ich Abstand nehmen kann zur möglichen Verletzung des eigenen Egos, kann ich auch den Wahrheitsgehalt einer solchen Rückmeldung anerkennen. Damit verbunden ist die Freiheit, gerade Menschen, von denen ich weiß, dass sie mir kritisch gegenüberstehen, um ein Feedback zu bitten, das Risiko auf mich zu nehmen, mich in Frage stellen zu lassen;
- *mich freimütig äußern und auch Risiken eingehen*: Wo ich die Angst[23] ablegen kann, mich zu blamieren oder allein dazustehen, kann ich auch unangenehme Dinge ansprechen, sowohl im persönlichen Gespräch als auch in einem Meeting. Es ist äußerst

hilfreich, wenn es in einem Team Personen gibt, die Konflikte, um die alle einen Bogen machen, ansprechen und so ihre Bearbeitung erst ermöglichen;

- *unvoreingenommen zuhören*: Ich kann Beiträge und Ideen in ihrem Wert besser erfassen – auch wenn sie nicht von mir kommen, nicht in meine Konzepte passen, meinen Ansichten oder Interessen zuwiderlaufen. Auf meine »blinden Flecken« können mich nur andere hinweisen. »Indifferenz« heißt, sich zu lösen von den inneren Bildern, die ich mir von Menschen gemacht habe. Es ist die Freiheit, andere Menschen nicht festzulegen, ihnen die Möglichkeit zu geben, sich als anders zu erweisen;
- *Unsicherheit aushalten*: Sehr oft lassen sich nicht sofort Lösungen finden, müssen Unsicherheiten und Dilemmata ausgehalten werden. Solche »Ambiguitätstoleranz« setzt immer wieder den inneren Abstand zu meinen Antreibern und Emotionen voraus.

Aus diesen Beispielen wird deutlich, wie sehr innere Freiheit auf einer liebenden Selbstannahme baut: Wo ich mich (von Gott) liebend angenommen weiß, kann ich auch Risiken eingehen, mich harter Kritik aussetzen, mich grundlegend in Frage stellen lassen.

Diese Freiheit und Unabhängigkeit ist damit zugleich ein wichtiges Korrektiv gegen alle narzisstischen Versuchungen in der Führungsrolle. Jede Führungsperson muss einen gesunden Anteil Narzissmus in sich tragen: das Gefühl, bedeutsam und wirksam zu sein. Es muss, es darf Spaß machen, vor anderen zu stehen … es braucht Gestaltungswillen, Durchsetzungskraft und Selbstvertrauen, manchmal auch Selbstlob und Selbstdarstellung, das Bewusstsein der eigenen Möglichkeiten … Aber ein Narzisst kann gerade nicht auf seine Schattenseiten sehen, er muss sie verdrängen, innerlich abspalten, weil sie ihn bedrohen. Er kann sich über die Erfolge anderer nicht freuen, weil sie das Gefühl der eigenen Grandiosität schmälern würden. Hingegen halte ich das »Gebet der liebenden Aufmerksamkeit« in diesem Kontext für eine Schule der Demut. Das mag eine vielleicht altmodische Tugend sein, die aber absolut essentiell für die Wahrnehmung einer Führungsrolle ist. Gemeint ist damit nicht – wie in Teilen der christlichen Tradition leider häufig zu finden – eine Haltung, in der ich mich kleinmachen muss, mich nicht über meine Erfolge oder Begabungen freuen darf oder mich selbst zum Opfer von Egomanen oder Demütigungen mache. Sondern ein gelassenes Bewusstsein meiner Grenzen, der Fehler, dich ich mache, der Tatsache, dass viele vieles besser können als ich … Gelassen kann dieses Bewusstsein sein, weil es umgekehrt aus dem Bewusstsein kommt, dass ich mit meinen Fehlern, meinen blinden Flecken, meinen Schwächen angenommen und geliebt bin. In diesem Sinn sehe ich Demut und Gelassenheit nahe beieinander. Ihr Kennzeichen ist der Humor: die Fähigkeit, über mich und meine Fehler auch einmal lachen zu können. Dafür muss ich aber immer wieder innerlich einen Schritt nach hinten treten, unterbrechen, Distanz zum Tagesgeschäft schaffen. Nur so kann ich wahrnehmen, wie lächerlich oder kleinlich ich mich in einer Situation verhalten habe.

Macht

Macht gehört unabdingbar zur Führungsrolle. In meiner Rolle als Chef verfüge ich über Ressourcen und

Informationen, über »Insignien« der Macht (z. B. das große Büro), ich kann Menschen beeinflussen durch Anerkennung, Kritik oder gar Sanktionen, ich kann Mitarbeitende fördern und fordern, ich habe die Möglichkeit, zu definieren, was das »eigentliche Problem« ist, usw. Macht verleiht mir aber auch meine Persönlichkeit: meine Größe oder Stimme, mein Auftreten oder meine Attraktivität, meine sozialen Kompetenzen, meine Glaubwürdigkeit und Authentizität. Die Organisation, die ich leite, verleiht mir durch meine Position Macht, damit ich sie bewusst und sensibel zum Wohle der Organisation, der Mitarbeitenden, der Kunden (der »stakeholder«) nutze, damit ich Resultate erziele, so unterschiedlich diese in den verschiedenen Arbeitsfeldern auch sein mögen. Deshalb muss ich die Macht, die Einfluss- und Handlungsmöglichkeiten, die mit ihr verbunden sind, als Teil meiner Rolle bejahen. Ich soll tun, was »in meiner Macht liegt«, damit Konflikte bearbeitet und nicht unter den Tisch gekehrt werden, damit Mitarbeitende mit großem Potential gefördert werden, damit Probleme rechtzeitig erkannt und angegangen werden. Es wird von mir als Führungsperson zu Recht erwartet, dass ich mit Kraft gestalte und Entwicklungen vorantreibe.

Ich betone das deshalb, weil in meinem beruflichen Umfeld, in der Kirche, die Macht nicht nur einen schlechten Ruf hat, sondern oft verleugnet wird: Das liegt auch daran, dass die Bibel in weiten Teilen aus der Sicht der »underdogs«, der Kleinen und Benachteiligten, geschrieben und deshalb tendenziell machtkritisch ist. Sie verweist auf die Versuchungen und Gefahren des Machtmissbrauchs und das gilt es ernst zu nehmen. Es darf aber umgekehrt nicht dazu führen, dass Führungspersonen ihre Handlungsmöglichkeiten nicht nutzen – zum Schaden von Mitarbeitenden und Mitgliedern. Denn dann passiert es, dass Fehlentwicklungen oder Konflikte ignoriert, überfällige Entscheide nicht getroffen, Mitarbeitende in schwierigen Konstellationen alleingelassen werden … Es gehört zu den Versuchungen in der Führungsrolle, nicht nur in der Kirche, sondern auch in vielen sozialen Institutionen (wie Schulen, Spitälern, Sozialeinrichtungen), sich selbst ohnmächtig zu machen: »Ich kann nichts machen« kann manchmal eigentlich heißen »Ich will nichts machen, weil …«. Wenn aber Führungspersonen ihre Handlungsmöglichkeiten nicht nutzen, dann tun es andere, offen oder verdeckt. Ein Machtvakuum füllt sich immer auf die eine oder andere Weise.

Hierher gehört für mich auch die Verschleierung von Macht als »Dienst«: Als »Diener« setze ich mich selbstlos ein für meine Organisation (und will dafür besonders anerkannt sein), bin aber eigentlich machtlos und deshalb auch nicht verantwortlich, kann aber aus dem Hintergrund immer Einfluss nehmen. Ich will nicht falsch verstanden sein: Die ethisch verantwortete Ausübung der Führungsrolle ist »Dienst«; ein »Minister«, so sagt es das lateinische Wort, ist bei aller Machtfülle ein Diener der Gesellschaft. Dienst ist die Übernahme von Verantwortung auch im Misserfolg, die Bereitschaft, sich auch in schwierigen Situationen hinter Mitarbeitende zu stellen; es ist auch das Aushalten der unvermeidlichen Einsamkeit in der Rolle, gelassener Umgang mit Unsicherheit und auch dem Gefühl, ungerecht kritisiert zu werden. Aber das setzt die bewusste und transparente Übernahme der Leitungsrolle und der mit ihr verbundenen Macht voraus.

Wenn es die Versuchung in sozialen Institutionen ist, sich selbst ohnmächtig zu machen, dann ist es in Wirtschaft und Politik eher die narzisstische Versuchung der Macht: Ich kann unbequeme Mahner mundtot machen, Fehler auf andere schieben und Erfolge für mich verbuchen, Informationen als Machtbasis für mich horten, mir Privilegien zuschanzen.
Deshalb ist für den bewussten Umgang mit der eigenen Macht in der Führungsrolle die »Freiheit des Geistes« unverzichtbar. Es braucht immer wieder die Unterbrechung, den Schritt nach hinten, der Distanz zur Dynamik der Macht schafft. Ich erhalte nicht so viel Aufmerksamkeit, weil ich so großartig bin, sondern weil es zu meiner Funktion gehört. Ich werde nur zurückhaltend kritisiert oder oft gelobt, nicht weil meine Leistung so toll ist, sondern weil die Mitarbeitenden von mir abhängen … Aber auch umgekehrt: Mache ich mich selbst »ohnmächtig«, weil ich Angst habe, anzuecken; schweige ich, weil mir die Harmonie im Gremium so wichtig ist; lasse ich Mitarbeitende allein, weil sie mir nicht sympathisch sind …? Natürlich gilt es auch hier, das Maß zu wahren und geduldig und gelassen im Umgang mit mir selbst zu sein. Ich kann und muss mich nicht restlos durchschauen, ich werde im Rückblick immer wieder erkennen, dass ich in bestimmten Situationen selbstgefällig war oder Menschen unnötig verletzt habe, dass es Versuchungen der Macht gibt, denen ich immer wieder erliege. Vielleicht erlebe ich im »Gebet der liebenden Aufmerksamkeit« Scham darüber oder auch ein befreiendes Lachen über mich selber.

Führungsbereiche, für die »Indifferenz« entscheidend ist

Ich halte »Indifferenz« generell für wesentlich, um eine Führungsrolle übernehmen zu können. Es gibt aber Führungsaufgaben, in denen sie besonders zum Tragen kommt.

Konflikte bearbeiten

Gerade weil Konflikte in Organisationen und Teams ein ungeheuer destruktives Potential haben, gehören das Wahrnehmen, das bewusste Benennen bzw. Sichtbarmachen und das Management von Konflikten zu den wichtigsten Führungsaufgaben. Es ist hier nicht der Platz, das »Werkzeug« der Konfliktbearbeitung ausführlich darzustellen: die Unterscheidung von latenten oder offenen Konflikten, Eskalationsstufen von Konflikten, die Frage, ab wann Intervention von außen oder Mediation angezeigt bzw. zwingend sind, usw. Das ist Teil des professionellen Handwerks, das ich als Führungsperson zu lernen und zu beherrschen habe. Aber dieses Handwerk nützt mir nicht, wenn ich einen Konflikt nicht sehen oder angehen will: sei es, weil ich Angst vor der nicht abzuschätzenden Dynamik eines Konflikts habe, weil mir mein Bedürfnis nach Harmonie im Team so wichtig ist oder weil ich eine mir sympathische Person nicht konfrontieren will. Es kann aber auch durchaus Situationen geben, in denen es besser ist, einen Konflikt nicht aufzugreifen. Das ist dann aber eine bewusste Entscheidung und nicht meinen inneren Abhängigkeiten geschuldet. Dafür braucht es die »Freiheit des Geistes«.
Noch wichtiger aber ist die innere Freiheit, wenn, was

in Konfliktsituationen häufig geschieht, die Emotionen hochkochen. Es gibt kaum einen Konflikt, bei dem ich als Beteiligter nicht auch schmerzhaft mit meinen Schattenseiten konfrontiert werde, mit Verletzungen aus der Kindheit, schmerzhaften Erfahrungen in meiner Berufslaufbahn. »Indifferent« im Konflikt zu sein heißt: die starken Emotionen wahrnehmen und ernst nehmen, indem ich höre, was sie mir zu sagen haben, in welche Richtung sie mich ziehen, in eine innere Distanz treten, damit ich in der »Hitze des Gefechts« nicht von meinen Emotionen gesteuert werde, sondern selbst entscheiden kann, was ich für richtig und angemessen halte. Ich nehme meinen »heiligen Zorn« wahr und weiß, dass ich mich so nicht behandeln lassen will, aber ich schreibe keine E-Mail im Zorn. Ich merke, dass mich eine bestimmte Person auf die Palme bringt, weil sie sich benimmt wie mein alter Lehrer, aber ich projiziere nicht meinen alten Ärger auf sie. Ich spüre, dass ich des Konflikts müde bin und dazu neige, faule Kompromisse einzugehen und meine legitimen Anliegen abzuwerten. Oder umgekehrt: Ich nehme wahr, wie ich einen Konflikt abkürzen will durch mein »Machtwort«, weil ich mich so als durchsetzungsfähiger Chef zeigen kann (verunmögliche so aber meinen Mitarbeitenden, selbst eine Lösung zu finden). Auch wenn in einem Konflikt Selbstbeherrschung gefordert ist in dem Sinne, dass ich nicht einfach herumbrülle, so gilt insbesondere, was schon oben gesagt wurde: Ich kann meine Emotionen nicht »kontrollieren« oder »loslassen«. Emotionen wie Ärger, Wut, Enttäuschung, das Gefühl, unrecht behandelt worden zu sein, sitzen unter Umständen sehr tief. Und es kann mir passieren, dass mich meine Emotionen auch in der Meditation mitreißen und ich innerlich koche oder umgekehrt von tiefer Scham erfüllt bin. Im »Gebet der liebenden Aufmerksamkeit« bringe ich diese starken Emotionen immer wieder in die liebende Gegenwart (Gottes), erfahre ich, dass ich auch mit ihnen bejaht und angenommen bin. Das ist auch sehr hilfreich, wenn ich als Vorgesetzter und nur indirekt Beteiligter ein Konfliktgespräch zwischen Mitarbeitenden moderiere: Als Gesprächsleiter muss ich mir der eigenen Emotionen bewusst sein, der Körpersignale, die ich und die Gesprächsteilnehmer aussenden, ich muss empathisch auf die Emotionen der Betroffenen eingehen können, ich muss es gelassen aushalten, wenn ich selbst das Objekt von Projektionen werde.

Die Übung der Achtsamkeit kann die notwendige Unterbrechung in einer eskalierenden Konfliktdynamik sein: Ich reagiere nicht sofort auf den letzten Schritt des »Gegners«, sondern nehme mir die Zeit für die Selbstklärung. Die Entschleunigung des Konflikts schafft oft erst die Möglichkeit für die gemeinsame Lösungssuche. Dabei ist es mir mitten in konflikthaften Sitzungen sicher nicht möglich, zehn Minuten in die Meditation zu gehen, aber ich kann für einen kurzen Moment innehalten, den Körper spüren, auf den Atem achten, mich in meiner momentanen Befindlichkeit liebevoll anschauen (lassen). Als Gesprächsleiter kann ich auch durch eine Pause für Unterbrechung sorgen.

Aber selbst dann, wenn Konflikte so weit bearbeitet werden konnten, dass die Arbeitsfähigkeit z.B. eines Teams wiederhergestellt wurde, bleiben oft Verletzungen, gestörte Beziehungen, Wut oder Trauer zurück. Ich kann vielleicht einem Kollegen oder einem Mitarbeitenden nicht verzeihen, was er mir gesagt oder ge-

tan hat. Diese Unversöhnlichkeit in mir wahrzunehmen und anzunehmen kann schmerzlich sein, weil es meinem Selbstbild widerspricht. Auch hier gilt es, diese Unversöhnlichkeit in das Licht der Liebe zu halten mit der Sehnsucht, (sich selbst) verzeihen zu können. Ich halte das für sehr wichtig: Nicht nur empfinde ich als Christ eine Verpflichtung, mich um Versöhnung zu bemühen, ich bin auch davon überzeugt, dass Unversöhntheit mich und mein Leben belasten und prägen können. Aber gerade hier erfahre ich, dass Verzeihen-Können oft ein Geschenk ist.
Erinnert sei hier auch an die praktische Anregung, die Betroffenen »ins Gebet zu nehmen«, die ich weiter oben gegeben habe. Gerade im Konfliktfall ist diese Übung sehr herausfordernd und hilfreich.

Change: Veränderungsprozesse anstoßen und gestalten

Für viele Organisationen gilt: Das einzig Konstante ist der Wechsel. Fortlaufend müssen Strukturen und Prozesse angepasst, Aufgabenfelder neu übernommen oder auch aufgegeben werden, die Organisation muss sich an ein sich (immer schneller) wandelndes Umfeld anpassen. Aus diesem Grund wird die Wahrnehmungs- und Lernfähigkeit der Organisation in Bezug auf ihre Umwelt zum entscheidenden Erfolgsfaktor, nicht nur in der Wirtschaft, sondern ebenso im Nonprofitbereich. Neues lernen bedeutet zugleich, Altes zu verlernen, es setzt die Bereitschaft voraus, die gewohnten Sichtweisen in Frage stellen zu lassen, »bewährte« Methoden und Ansätze zu überprüfen usw. Das gilt auch und gerade für meine Erfahrung: So nützlich und notwendig sie im Alltagsgeschäft ist, so kann sie mich gerade hindern, neue Herausforderun-

gen oder Möglichkeiten wahrzunehmen, weil ich sie ins Schema des bisher Bewährten presse. Erfahrung kann »dumm« machen. Lösungen »zweiter Ordnung«, die sich nur finden lassen, wo man die bisherigen Denkschemata verlässt, setzen eine innere Freiheit im Umgang mit dem Gewohnten voraus. Kurz: Es braucht »Indifferenz« als die Haltung und Fähigkeit, zu mir selber, meinen Gewohnheiten, Erfahrungen, Selbstverständlichkeiten in eine innere Distanz treten zu können; Indifferenz als den Mut, neue Wege zu beschreiten, deren Ende ich nicht absehen kann, als die Fähigkeit, mit Unsicherheit umgehen zu können. Nur mit ihr kann ich wichtige Gelegenheiten erkennen und ergreifen. Viele Organisationen haben darunter gelitten, dass ihre Führung deutliche Warnsignale nicht zur Kenntnis nehmen wollte, weil die Signale von den »falschen« Leuten kamen, aus Angst vor den Konsequenzen oder manchmal schlicht aus Bequemlichkeit. Und umgekehrt waren es wohl die stete Einübung der »Indifferenz«, einer geistigen Mobilität, die Flexibilität, eben auch das Gegenteil tun zu können, die die entscheidende Voraussetzung dafür war, dass die Jesuiten in ihrer Geschichte wichtige Chancen erkennen und ergreifen konnten.[24]
Selbstverständlich bewahrt mich das meditative Üben nicht davor, dass ich etwas Wichtiges übersehe, dass ich ungewohnten Ideen meiner Mitarbeitenden nicht die nötige Aufmerksamkeit schenke usw. Aber es erhöht die Chancen, dass ich nicht am Gewohnten klebe.
Das gilt persönlich für den Umgang mit Wandel, aber auch dort, wo ich als Leitungsperson den Wandel zu gestalten habe. Viele Veränderungsprozesse – auch dort, wo es nicht um Entlassungen geht, die Men-

schen in ihrer Existenz bedrohen – treffen auf den harten Widerstand der von ihnen Betroffenen: Der drohende Verlust der gewohnten Umgebung, Abläufe und Strukturen löst Ängste und Unsicherheit aus und kann dazu führen, dass Mitarbeitende ihren »Garten« und ihr Revier energisch verteidigen und »rationalen« Argumenten nicht zugänglich scheinen. Professionelles Change-Management weiß um diese Dynamik und versucht, die Betroffenen wenn möglich von Anfang an einzubeziehen und auch die zu jedem solchen Prozess dazugehörenden Emotionen zu »steuern«[25] bzw. einzubeziehen. Dabei geht es auch um die persönliche Glaubwürdigkeit als Leitungsperson: Inwieweit mute ich den Wandel nicht nur den anderen zu, sondern bin auch selbst bereit, meine Arbeitsfelder, meine Aufgaben, meine Titel und meine Rolle verändern zu lassen? Wie setze ich den Veränderungsprozess um: Bin ich ernsthaft bereit, auf die Betroffenen zu hören, oder drücke ich meine Vorstellungen durch? Wie gehe ich persönlich mit der Unsicherheit um? Nur wer sich seinen eigenen Ängsten und der eigenen Unsicherheit stellen kann, wird auch mit den Ängsten und Unsicherheiten der Mitarbeitenden gelassen und konstruktiv umgehen können. Und wer gewohnt ist, mit Achtsamkeit auf die eigene emotionale Befindlichkeit zu schauen, wird sich in einem Change-Prozess nicht einseitig auf Strukturen und »harte Fakten« konzentrieren, so dass Emotionen nur als Störfaktoren in den Blick kommen. Professionell in diesem Sinne ist eine Führungsperson nur, wenn sie »Indifferenz« übt.

Teams und Sitzungen leiten

Führungspersonen verbringen einen großen Teil ihrer Arbeitszeit in Meetings, viele davon haben sie zu leiten. Ich bin davon überzeugt, dass dort, wo ich mit innerer Freiheit Sitzungen leite, die Qualität sich deutlich verbessert. Das bedeutet:

– *unvoreingenommen zuhören*: Die innere Freiheit, eigene Meinungen und Überzeugungen hintanstellen zu können, die Bereitschaft, auch die Perspektive des anderen einzunehmen, sind wesentliche Bedingung dafür, dass Meinungsbildungs- und Entscheidungsprozesse in Gruppen gelingen. Dazu gehört auch das sorgsame und wohlwollende Hören, die Aufmerksamkeit für Körpersignale und die emotionalen Botschaften, die in allen Beiträgen mitschwingen;
– *freimütig sprechen*: Häufig bringen sich Teilnehmende einer Sitzung mit ihren Argumenten oder Beiträgen nicht ein, weil sie Angst haben, sich zu blamieren, oder einem Vorgesetzten nicht widersprechen wollen. Dabei kann es entscheidend sein, dass er sein ungutes Körpergefühl mitteilt, weil die anderen u. U. genauso empfinden, aber es nicht zu sagen wagen oder nicht zu widersprechen wagen, wo sich in der Gruppe ein Konsens anzubahnen scheint, aber Wichtiges übersehen wird …
– *»Freiheit zum Gegenteil«*: Nichts kann für die Teilnehmenden einer Sitzung frustrierender sein, als wenn deutlich zu spüren ist, dass die Leitung eine »hidden agenda« hat, eine Zielsetzung, die aber nicht transparent gemacht wird, und die Teilnehmer der Sitzung eigentlich nur zum »Abnicken« einbestellt sind. Es gehört zu den Regeln der Sit-

zungsleitung, dass Entscheidungsräume klar benannt sind. Und als Leitungsperson darf und soll ich meine Optionen auf den Tisch legen, aber habe ich die Freiheit, den von mir favorisierten Lösungsweg auch hintanzustellen, wenn in der Diskussion andere Lösungen auftauchen? Bin ich offen dafür, mit der Gruppe auch einen ganz anderen Weg zu gehen als in meiner Vorbereitung vorgesehen?

– *Atmosphäre der Freiheit und des Wohlwollens schaffen*: Die Leitungsperson strahlt immer aus auf die Mitarbeitenden und ist daher mit ihrem Verhalten prägend für die Atmosphäre einer Sitzung. Es macht den Unterschied, ob der Chef wohlwollend zuhört oder in seinen Unterlagen blättert; es macht den Unterschied, wenn der Chef ungewohnte, querdenkerische Argumente aufnimmt oder abwehrt … Als Leiter muss ich Lern- und Veränderungsbereitschaft und Unvoreingenommenheit vorleben und so ein Klima dafür schaffen.

Praktische Anregungen:
Sitzungsvorbereitung in der Meditation: Ich kann im »Gebet der liebenden Aufmerksamkeit« eine Sitzung auch »vorbereiten«. Ich lasse in der Betrachtung die Situation vor mir entstehen, ich achte darauf, mit welcher Stimmung ich in die Sitzung gehe, wie ich auf die Anwesenden reagiere … Ich frage mich, wie es mir gehen wird, wenn die Sitzung ganz anders verläuft als von mir geplant und ich meine Ziele nicht erreiche.
Wenn ich in einer Sitzung merke, dass die Stimmung sich verhärtet, dass die Argumente hin- und herfliegen, ohne dass wirklich zugehört wird oder die Bereitschaft besteht, eigene Positionen zu hinterfragen, sprich:

wenn es unter den Teilnehmenden keine »Indifferenz« gibt, so empfiehlt sich dringend eine Unterbrechung. Ich prüfe darin selbst meine innere Freiheit. Je nach Teamkultur wird die Intervention eine andere sein: das Bewusstmachen des gemeinsamen Ziels, die Frage, was mich hindert, den Argumenten der anderen zu folgen, die Wahrnehmung der Befindlichkeit … Bewährt hat es sich auch, Pro und Contra miteinander und getrennt zu betrachten: Die Teilnehmer sind so genötigt, auch Argumente für jene Option zu suchen, die sie nicht favorisieren.

In meiner eigenen Führungspraxis ist mir die »Freiheit zum Gegenteil« zunehmend wichtiger geworden – wahrscheinlich gerade weil ich oft genug erfahre, dass ich nicht die innere Freiheit habe, aufmerksam zuzuhören, dass ich gewohnten Mustern folge oder alte Erfahrungen bzw. Ängste mein Handeln bestimmen. Und ich erlebe das Bemühen um »Indifferenz« als wirksames Mittel, der eigenen narzisstischen Versuchung in der Führungsrolle entgegenzutreten: Ich muss mich nicht immer neu beweisen oder anderen beweisen, wie großartig, begabt usw. ich bin … Das ist ein Zugewinn an Freiheit und zugleich ein Weg, authentischer und auch demütiger zu werden in dem, was ich tue.

Unterscheidung, Entscheidung und Entschiedenheit

Führen heißt entscheiden

Den Führungsalltag kann man beschreiben als stetige Folge von kleinen und großen Entscheidungen. Das beginnt im Kleinen: Was erledige ich zuerst, für wen nehme ich mir wie viel Zeit, wie lange lasse ich einem Mitarbeiter Zeit und wann interveniere ich, wo muss ich transparent kommunizieren und wo ist Diskretion entscheidend …? Und es endet bei den großen strategischen Fragen. Deshalb ist die Entscheidungsfähigkeit und Entscheidungsfreudigkeit auch stets Frage in Rekrutierungsprozessen für Führungsfunktionen: Organisationen können erheblichen Schaden nehmen, wenn die falschen Entscheidungen getroffen werden oder wenn nicht entschieden wird.
Dabei müssen wichtige Entscheidungen häufig unter Zeitdruck, Ungewissheit und Unsicherheit gefällt werden: Es ist oft weder die Zeit noch das Geld vorhanden, alle relevanten Informationen zu erheben und zu gewichten. Entscheidungen müssen getroffen werden, die den Betroffenen vielleicht einiges zumuten: Werden Dienstleistungen gestrichen, Abteilungen geschlossen, Mitarbeiter entlassen oder sanktioniert, Gelder zugesprochen oder verweigert …? Und sie führen zuweilen auch in ein moralisches Dilemma: Wie hoch gewichte ich den Umweltschutz oder die Bewahrung von Arbeitsplätzen? Äußere ich öffentlich Kritik an einem Missstand, wenn ich politischen Flurschaden für meine Organisation befürchten muss? Wie viele Chancen gebe ich einem alkoholkranken Mitarbeiter …?

Dabei wird von Führungspersonen zu Recht erwartet, dass sie Verantwortung übernehmen und Risiken tragen, auch dort, wo sie nicht allein, sondern mit anderen zusammen entschieden haben. Auch wenn ich einen partizipativen Führungsstil pflege, so liegt die Verantwortung für den Prozess und auch das Ergebnis meist bei mir als Führungsperson.

Exerzitien als Weg der Entscheidungsfindung

Ignatius führt in den Exerzitien den Übenden zu einer grundlegenden Lebensentscheidung, einer »Wahl«: Diese Ausrichtung soll in künftigen Entscheidungssituationen tragen, sie hilft dem Übenden, mit Entschiedenheit an den einmal gewählten Optionen festzuhalten (s. o.). Dafür entwickelt er in der Tradition christlicher Spiritualität einen Weg der Entscheidungsfindung, die »Unterscheidung der Geister«[26], in der er sich als genialer Menschenkenner und »Coach« erweist. Ignatius spricht von drei Formen der Entscheidungsfindung oder »Zeiten der Wahl« (EB 175–178). Die erste ist eine Art spontane Klarheit: Ohne jedes Überlegen-Müssen weiß ich, dass diese Stelle wie für mich gemacht ist, mit einem Blick erkenne ich die Gelegenheit, die ich ergreifen muss … Bei der zweiten Form der Entscheidungsfindung folge ich dem, wohin meine inneren Regungen mich ziehen (dazu unten mehr). Die dritte Form ist ein Abwägen der rationalen Argumente: Was spricht vernünftigerweise für die eine Alternative, was für die andere? Erfahrungsgemäß fallen in den meisten Entscheidungssituationen die zweite und dritte Form zusammen: Ich achte auf meine Regungen und verbinde sie mit den rationalen Argumenten, die für oder wider eine Option sprechen.

Egal aber, welche Form der Entscheidungsfindung in einer konkreten Situation angemessen ist bzw. mir zufällt, der entscheidende Schritt geschieht danach. Ignatius empfiehlt dem Suchenden, er solle die Option, die er gewählt hat, Gott »anbieten« (EB 183). Das heißt: Dann, wenn meine Entscheidungsrichtung eigentlich schon klar ist, trete ich noch einmal einen Schritt zurück, bringe meine Entscheidung in die Stille, in den Raum liebender Präsenz (Gottes) und nehme wahr, welche Regungen sich in mir zeigen. Für dieses neuerliche Hinhören gibt Ignatius dem Übenden klare Kriterien und Regeln mit, die diesem helfen, zu unterscheiden und zu entscheiden. Das erste und wichtigste Kriterium nennt Ignatius »Trost« (EB 316): Er meint damit eine innere Stimmigkeit, die ich beim Betrachten der Handlungsoption erfahre; ich spüre, dass dieser Weg für mich (für das Team, die Organisation) weiterführend ist, ich bin mit mir im Reinen, ich bin voller Energie und Lust, mich an die Umsetzung zu machen. Die gegenteilige Erfahrung nennt er »Trostlosigkeit«: Beim meditativen Betrachten einer Handlungsoption erlebe ich mich energie- und lustlos, das Umsetzen wäre ein »Müssen«, es »stimmt« einfach nicht. Ich folge der Richtung, wo ich mehr von dieser inneren Stimmigkeit erfahre. Dabei gibt Ignatius hier einen klaren Rat: Definitiv entscheiden darf ich nur, wo ich »Trost« erfahre. Das zweite Kriterium: Ich entscheide mich für jene Alternative, die »mehr« Frucht bringt. Dieses »Mehr« ist nicht quantitativ, sondern qualitativ zu verstehen: Mehr Freiheit, mehr Leben für alle, mehr Gerechtigkeit, mehr Nachhaltigkeit … Dazu gehört auch, dass mich die Option fordert, aber nicht überfordert.

Mit dem »Mehr« komme ich zugleich zum Ausgangspunkt dieses Übungswegs zurück: Ich entscheide, was »mehr« dem Guten (dem Willen Gottes) entspricht, das ich letztendlich in allen Entscheiden suche. Aus diesem Grund ist die »Indifferenz« Voraussetzung solchen Entscheidens: Ich bin frei, von mir abzusehen und das zu wählen, was »mehr« Nutzen für alle bringt, was allen zugutekommt. Denn für Ignatius ist klar: Alle Alternativen müssen ethisch verantwortbar sein (vgl. EB 170).

Übung der Intuition

Ignatius weist einen Weg, wie klug[27] zu entscheiden ist: indem ich die kognitive und emotionale Dimension verbinde. Wenn die Hirnforschung uns sagt, dass bei weitem der größte Teil unserer Entscheidungen unbewusst abläuft, dann bestehen »rationale« Entscheidungen in der klugen Koordination unserer Emotionen mit unserer Ratio, ohne die wir gar keine Entscheidungen treffen könnten.[28] Nichts anderes meint »emotionale Intelligenz«.

Dafür nutze ich alle Instrumente, die mir zur Verfügung stehen, um das Entscheiden zu erleichtern: sorgfältige Analyse der Situation, Entscheidungsbaum, Nutzwertanalyse usw. Aber mit der gleichen Sorgfalt achte ich auf meine innere Stimmigkeit, auf die Lust und die Energie, anzupacken, die eine Handlungsoption in mir auslöst. In der kurzen Meditation überprüfe ich auf diese Weise die Alternativen und das, was meine Intuition mir sagt. Denn im Alltagsgeschäft kann ich meist gar nicht anders, als intuitiv zu entscheiden: Ich kann nicht restlos alle Informationen sammeln, ich muss »aus dem Bauch heraus« spüren,

was der für mich wichtigste Punkt ist, ich kann gar nicht anders, als auf diese Weise die Komplexität zu reduzieren.
Dieses intuitive Entscheiden kann ich üben: Im »Gebet der liebenden Aufmerksamkeit« schaue ich zurück und erfahre die Stimmigkeit in meinem Entscheiden, aber vielleicht merke ich auch, wie ich in einer konkreten Situation meinen Körpersignalen und meinen Emotionen zu wenig Beachtung geschenkt habe. Praktisch immer habe ich das später bedauert.
Und wo ich kann, nehme ich mir die Zeit, eine Handlungsoption in liebender Aufmerksamkeit auf ihre Stimmigkeit hin zu prüfen. Manchmal wird mir diese Klarheit nicht sofort zufallen, ich merke, dass ich mir Zeit verschaffen muss, weil die Entscheidung eben noch nicht reif ist. Eine solche Unterbrechung des Zeit- und Handlungsdrucks ist manchmal notwendig und sehr befreiend. Nicht umsonst nimmt man sich die Zeit, eine Nacht über einer Entscheidung zu schlafen. Und wo ich sofort entscheiden muss, vertraue ich meiner Intuition, die ich geübt habe.
Ein solches Entscheiden entbindet mich selbstverständlich nicht meiner Verantwortung: Auch in einem spirituell geprägten Entscheiden, bei dem ich mich von der liebenden Gegenwart (Gottes) leiten und bewegen lasse, bleibt das Ergebnis voll und ganz meine Entscheidung, übernehme ich die Verantwortung für alle Konsequenzen. Aber ich gehe mit Zuversicht und Vertrauen meinen Weg.

Eine praktische Anregung:
Bei komplexen Entscheidungen fühlen sich Personen oft wie zerrissen zwischen den verschiedenen Optionen: Soll ich z. B. eine attraktive Stelle im Ausland annehmen, auch wenn ich meiner Familie damit viel zumute? Einmal neige ich in die eine, einmal in die andere Richtung. Hier empfiehlt es sich, über längere Zeit (z. B. eine Woche lang oder länger) immer nur eine Option meditativ zu betrachten und auf ihre Stimmigkeit hin zu prüfen, erst dann die Alternative. Dahinter steckt die Erfahrung, dass Menschen sich dort, wo sie mit der schwierigen Seite einer Option (hier: meinen Kindern den Wechsel in eine fremde Kultur zumuten) konfrontiert sind, sich in die andere Option flüchten. Wenn ich geduldig bei einer Option bleibe, zeigt sich meist, wo »mehr« Stimmigkeit zu finden ist.

Entschiedenheit

In der Dynamik der Exerzitien und damit des »Gebets der liebenden Aufmerksamkeit« geht es darum, aus einer liebenden Präsenz heraus zu leben, darum, in allem ein »liebender Mensch« zu werden.
Aus diesem Grund wird der Verdacht auftauchen, dass hier die Notwendigkeit des Entscheidens »spirituell weichgespült« wird. Als Leitungsperson komme ich nicht umhin, auch harte Entscheidungen zu treffen: Mitarbeitende müssen zur Ordnung gerufen oder auch entlassen werden; Sparmaßnahmen treffen Teams oder Abteilungen unter Umständen hart … Ich halte diesen Verdacht oft auch für berechtigt: Gerade, aber nicht nur, in der Kirche erlebe ich immer wieder, wie Verantwortliche sich um notwendige und überfällige

Strukturentscheidungen drücken, untragbare Mitarbeiter weder konfrontieren noch maßregeln, Konfliktsituationen schönreden …

Zwei Worte der ignatianischen Tradition sind für mich hier wegleitend und weiterführend:

- die *»discreta caritas«*, die unterscheidende Liebe: Auch als Führungsperson darf ich aus der Liebe leben und schulde allen Menschen diese Liebe, die ich selbst erfahre. Aber »Lieben« kann in verschiedenen Situationen sehr Verschiedenes heißen: In diesem Sinne »schulde« ich auch einem Mitarbeiter die Kritik, weil vielleicht nur sie ihn weiterbringt. Ich »schulde« aus Liebe einem Team eine Entscheidung über die Zukunft und die klare Kommunikation, auch wenn diese vielleicht nicht willkommen ist. Ich »schulde« einem Team die Entlassung eines Mitarbeiters, weil alle unter der Situation leiden oder die Abteilung als Ganzes gefährdet ist. Lieben heißt nicht »nett« sein (siehe das Augustinus-Zitat oben);
- das *»Mehr«*: »Mehr« ist ein bei Ignatius sehr häufiges und wichtiges Wort. Bei allem Entscheiden geht es immer darum, zu suchen, wo »mehr« Leben, »mehr« Gerechtigkeit, »mehr« Nachhaltigkeit, »mehr« guter Teamgeist, »mehr« Dynamik … zu finden ist. Ich finde das sehr realistisch und hilfreich: Das Gute schlechthin ist oft nicht erreichbar, aber durchaus mehr davon. Das schließt Kompromisse und Dilemmata ein: Ich habe z. B. einem Mitarbeiter immer neue Chancen eingeräumt, aber nach sorgfältigem Abwägen (und Anhören) entscheide ich, dass die Belastung für die übrigen Teammitglieder nicht mehr zumutbar ist.

Und schließlich ist gerade in Situationen, in denen ich meine, harte Entscheidungen treffen zu müssen, die

Frage nach der eigenen inneren Freiheit doppelt wichtig: Geht es mir wirklich nur um das Wohl der Organisation oder darum, Stärke und Durchsetzungskraft zu demonstrieren? Geht es mir wirklich um das Wohl der anderen Mitarbeitenden oder nervt mich der »schwierige« Mitarbeiter schon lange und die Beschwerden sind ein willkommener Anlass, ihn endlich loszuwerden? Versuche ich als Vorgesetzter wirklich, meine soziale Verantwortung wahrzunehmen und gebe deshalb einem Mitarbeiter eine weitere Chance oder bin ich einfach zu feige oder bequem, mich dem Problem zu stellen? Meine eigene Erfahrung sagt mir: Sooft ich das Gefühl hatte, einen Mitarbeiter »geschont« zu haben (vor einem klaren Feedback, vor Maßnahmen und Konsequenzen …), habe ich fast immer mich geschont.

Wo ich aber in innerer Freiheit, unter Berücksichtigung der relevanten Informationen, im Hören auf meine innere Stimmigkeit zu einer Entscheidung gekommen bin, darf und soll ich sie auch in aller Entschiedenheit vertreten und durchtragen. Es gehört zu meiner Aufgabe als Führungsperson, für die Entscheidungen auch gegen Widerstand einzustehen und die Umsetzung voranzutreiben. Wenn es z. B. um wichtige strategische Entscheidungen geht, dann verkörpere ich als Führungsperson die Vision, die Zukunft einer Organisation und bin ich dafür verantwortlich, dass wichtige Entscheide nicht im Alltagsgeschäft versanden.

Solche Entschiedenheit, die im Vertrauen auf die eigene Intuition in der meditativen Betrachtung wächst, gilt auch für die »Einsamkeit«, die in bestimmten Situationen mit der Führungsrolle verbunden ist. Auch nach sorgfältigem Hinhören und Abwägen kann es sein, dass Mitarbeitende meine Entscheidung nicht nachvollziehen können und sich von mir unfair behandelt fühlen, weil ich nicht alles darlegen kann, was für mein Entscheiden relevant war (z. B. Personalinformationen).

Entscheiden in Teams und Gruppen

Wenn ich bisher das persönliche Entscheiden betont habe, dann heißt das sicher nicht, dass ich einem »heroischen« Führungsverständnis folge, in dem der Vorgesetzte »einsame Entscheide« fällt. Im Gegenteil bin ich davon überzeugt, dass es immer mehr zur Kernkompetenz einer Führungsperson gehört, gemeinsame Willensbildungs- und Entscheidungsprozesse gut zu begleiten. Ich möchte hier knapp die Kriterien nennen bzw. Anregungen für gemeinsame Entscheidungsprozesse geben, die ich anderswo schon ausführlicher dargestellt habe.[29]

- Verfügen wir über eine ausreichende Basis, um gemeinsam entscheiden zu können? Die grundsätzliche Ausrichtung (auf das Gute, »Gottes Willen«) für mein persönliches Führungshandeln und Entscheiden ist auch Voraussetzung für gemeinsame Entscheidungsprozesse. Gibt es ein inneres Bild, dem alle bereit sind zu folgen, gibt es Werte, die wir teilen?
- Gibt es in der Gruppe eine Atmosphäre des Hinhörens und der inneren Freiheit? Wo nur Positionen und Reviere verteidigt werden, wo es keine »Freiheit zum Gegenteil« gibt, ist die Suche nach gemeinsam getragenen Lösungen fast unmöglich. Siehe dazu die Anregungen oben.
- Erfahren wir als Gruppe »Trost«, eine innere Stimmigkeit? Gibt es so etwas wie einen gemeinsamen

Aufbruch, die Erfahrung eines geschenkten Konsenses, der mit Energie und Freude umgesetzt werden will? Oder umgekehrt: Lässt eine Option die Mitglieder einer Gruppe kalt und ohne jede Dynamik? Dann, das gilt wie im persönlichen Entscheiden, ist die Zeit noch nicht reif für eine Entscheidung.

Die Voraussetzung, die ich am Anfang dieses Bandes genannt habe, gilt auch hier: Die »spirituelle« Seite eines gemeinsamen Entscheidungsprozesses stimmt nur dort, wo auch die fachlich-professionelle Seite stimmt. Gerade dafür lohnt es sich häufig, externe Begleitung beizuziehen. Es ist überaus herausfordernd, einen spirituell geprägten Entscheidungsprozess zu moderieren. Ich muss mit meiner Aufmerksamkeit bei mir sein, bei den anderen – und beim Prozess.

Eine praktische Anregung:
Sitzungen, in denen um wichtige Entscheidungen gerungen wird, sind gelegentlich geprägt von einem zunehmend nutzlosen (Schlag-)Abtausch von Argumenten. Hier ist einerseits eine Unterbrechung angezeigt, die den Teilnehmenden hilft, weniger »außer sich« als vielmehr mit ihrer Aufmerksamkeit bei sich zu sein. Anschließend beantworten die Teilnehmenden für sich die folgende Frage: »Wenn ich persönlich jetzt eine Entscheidung treffen müsste, wie würde dann meine Entscheidung aussehen? Und was wäre das eine für mich entscheidende Argument für diese Option?« Anschließend legt jeder Teilnehmende seine Option und sein Argument sehr kurz dar. Sehr häufig erscheinen dann wie von selbst Lösungswege bzw. werden Richtungen sichtbar, in denen eine gemeinsame Entscheidungsfindung möglich ist.

Zum Schluss

In drei Schritten (liebende Aufmerksamkeit – innere Freiheit – Entscheidungen und Entschiedenheit) habe ich in dieser Schrift einen Übungsweg vorgestellt. Dieser Übungsweg ist – so könnte man sagen – eine »Philosophie der liebevollen Unterbrechung«. Immer wieder trete ich einen Schritt zurück, richte die liebevolle Aufmerksamkeit auf mich, meine Emotionen und meinen Körper, trete in eine innere Distanz zu meinen Mustern, Vorlieben, Verletzungen, unterbreche ich Entscheidungsprozesse, um die innere Stimmigkeit zu suchen. Dieses bewusste Unterbrechen und Verlangsamen (manchmal ist es auch ein Sich-unterbrechen-Lassen) vermindert nicht, so meine persönliche Erfahrung, die Effektivität und Effizienz meines Führungshandelns. Im Gegenteil, es stärkt sie.

Ich habe hier bewusst nicht eine Art »Tugendlehre« für Manager vorgelegt, in der Haltungen wie Demut, Vertrauen, Empathie usw. als wichtig für das Führungshandwerk dargelegt werden. Ich halte diese Haltungen für unabdingbar, ich meine aber, dass sie nicht eingefordert werden können. Auch mit größter Willensanstrengung werde ich nicht einfach empathisch oder lebe aus Vertrauen. Ich kann aber Empathie und Vertrauen einüben. Als Weg dorthin habe ich für mich das »Gebet der liebenden Aufmerksamkeit« erfahren. Hinter der Einfachheit und Klarheit dieser meditativen Übung stehen eine tiefe Menschenkenntnis und spirituelle Weisheit.

Vielleicht mag der hier vorgeschlagene Weg vielen als zu einfach erscheinen. Genügt eine Zehn-Minuten-Übung, um den komplexen Herausforderungen in der

Führungsrolle gerecht zu werden? Zum einen möchte ich darauf antworten, dass das Gute immer einfach ist. Es ist gerade eine Kernkompetenz von Führung, die Komplexität von Situationen auf wenige einfache Prinzipien zu reduzieren, weil nur so Handlungsfähigkeit hergestellt werden kann. Das gilt auch für die Haltung einer liebenden Aufmerksamkeit: Die Übung und die Haltung der Unterbrechung sind in sich höchst einfach, aber wo treu befolgt, lösen sie eine Dynamik der Veränderung, der Wandlung aus.

Zum anderen möchte ich noch einmal betonen, dass diese meditative Übung kein Allheilmittel sein soll: Das »Gebet der liebenden Aufmerksamkeit« ersetzt keine (Wirtschafts-)Ethik, die mir moralische Kriterien für mein Entscheiden liefert. Es ersetzt nicht Coaching, Supervision oder vielleicht auch eine Therapie. Und es ersetzt ganz sicher nicht das Erlernen und die Handhabung des Managementhandwerks. Eines aber tut es: Es verändert meinen Umgang mit all diesen Instrumenten. Es sind zehn Minuten, die einen Unterschied machen.

Anmerkungen

[1] Soweit als möglich verwende ich in dieser Schrift »neutrale« Formulierungen wie »Person« oder »Führungskraft«, um der Lesbarkeit willen verzichte ich aber darauf, alle weiblichen Formen auszuschreiben.
[2] Ich möchte diese Konzepte hier in keiner Weise abwerten, im Gegenteil: Bücher wie die von Goleman haben mir sehr geholfen, zu verstehen, welches Potential für das Führungshandeln im »Gebet der liebenden Aufmerksamkeit« steckt und an wie vielen Punkten sich die »social skills« von Goleman mit den hier beschriebenen Haltungen überschneiden. Vgl. Goleman (2011).
[3] Ich meine, dass mein Verständnis von Spiritualität sehr gut kompatibel ist mit einem »systemischen« Verständnis von Management, ohne dass ich dies hier ausführen kann. Ich will mich hier auch weder anschließen noch mich abgrenzen gegenüber anderen Trends wie z. B. der »mindful« oder »awareness-based leadership«. Der Leser möge selbst entscheiden, was anschlussfähig oder was ganz anders ist.
[4] Eine knappe und zugleich sehr informative Lebensbeschreibung des Ignatius bietet Kiechle (2001).
[5] Ignatius von Loyola, Geistliche Übungen. Hg. von Peter Knauer, Würzburg 1999 (im Folgenden zitiert als Exerzitienbuch, »EB« mit Randnummer).
[6] Ich habe diesen Prozess und die Konsequenzen für eine gemeinsame – spirituell geprägte – Entscheidungsfindung dargestellt in meinem Büchlein »Gemeinsam entscheiden«: Waldmüller (2005).
[7] Das kann man wohl als die Kernthese von Lowney (2005) bezeichnen: Der »Managementerfolg« des Jesuitenordens verdankt sich der Prägung seiner Mitglieder durch die Exerzitien.
[8] Ein ausführlicher Kommentar zum Aufbau und zur Spiritualität der Exerzitien findet sich bei Köster (1999).
[9] So beschreibt der Jesuit Willi Lambert in seiner kleinen Zusammenfassung der Exerzitien diese als »siebenfaches Ja«. Vgl. Lambert (2006).
[10] Hier ist der Ort für einen wichtigen Hinweis: Von Ignatius ist vorgesehen, dass der Übende die Exerzitien unter der Anleitung eines erfahrenen »geistlichen Begleiters« macht. Das Exerzitienbuch ist so etwas wie das Handbuch für einen solchen geistlichen Begleiter. Dahinter steht die Erfahrung, dass sich der Übende gerade in

dieser Phase mit schmerzlichen Anteilen seines Lebens konfrontiert sieht, denen er sich allein nicht stellen kann oder sollte, Erfahrungen aus der Kindheit bis hin zu traumatischen Erfahrungen. Der erfahrene Begleiter kennt darin seine Grenzen und verweist den Übenden gegebenenfalls auf psychotherapeutische Hilfe.

[11] Ich muss zugeben, dass hier mein Versprechen in der Einleitung, dass das »Gebet der liebenden Aufmerksamkeit« auch für Menschen aus anderen spirituellen Traditionen ein Weg sein kann, an seine Grenzen kommt. Das Vertrauen auf ein liebendes (personales?) Gegenüber, das mich, so wie ich bin, bedingungslos annimmt, ist meiner Erfahrung nach unabdingbare Voraussetzung für die Dynamik, die das »Gebet der liebenden Aufmerksamkeit« entfalten kann. Hier zeigt sich die Herkunft dieser Betrachtung aus dem christlichen Kontext. Wieweit dies anwendbar ist für andere spirituelle Traditionen, möge der Leser selbst entscheiden.

[12] Das Gebet, das nie verändert werden soll, lautet: »Gott unseren Herrn um die Gnade bitten, damit alle meine Absichten, Handlungen und Betätigungen rein auf Dienst und Lobpreis seiner göttlichen Majestät hingeordnet seien« (EB 46).

[13] Vgl. Storch (2005) 21.

[14] Doppler (2012) 16.

[15] Vgl. Goleman (2011).

[16] Schulz von Thun (2009) hat diese inneren Stimmen als »inneres Team« anschaulich – und liebevoll – beschrieben.

[17] Augustinus, Sermo 340, In die ordinationis suae. Übersetzung von: spirituelles.wordpress.com/2013/06/12/und-ach-alle-lieben (Zugriff am 13.9.2018).

[18] Doppler (2012) 13.

[19] Ich gehe hier von einem psychisch stabilen Menschen aus, bei dem sich in der Kindheit so etwas wie ein Grundbestand von Vertrauen herausbilden konnte: Traumatisierte Menschen z. B. haben so etwas wie einen tiefsitzenden Vertrauensbruch erlitten, der sich auch mit Meditation nicht einfach überwinden lässt – obwohl meditative Übungen zur Unterstützung vieler Psychotherapien verwendet werden.

[20] Meines Erachtens ist dieses Verständnis sehr anschlussfähig an das Konzept des »inneren Teams« bei Schulz v. Thun: Es geht darum, die vielen Stimmen in mir – wertschätzend – zu hören, in eine innere Distanz zu ihnen zu treten, damit ich sie mit einer inneren »Teamaufstellung« ordnen und dann handeln kann.

[21] So z. B. bei Goleman.

[22] Ignatius von Loyola. Gründungstexte der Gesellschaft Jesu. Übersetzt von Peter Knauer, Würzburg 1998, 883.

[23] »Er hat keine Angst und macht keine Angst«, so umschreibt Kiechle (2005), S. 30 meines Erachtens sehr gut ein Führungsverständnis, das von »Indifferenz« geprägt ist.

[24] Lowney (2005) belegt mit vielen Beispielen, wie es dem Jesuitenorden in seiner Geschichte immer gelungen ist, wichtige Chancen zu ergreifen. Die »Indifferenz« war dafür die Voraussetzung.

[25] Vgl. Doppler/Voigt (2012). Ob man Emotionen wirklich »steuern« kann, bleibe hier dahingestellt.

[26] Aus der umfangreichen Literatur zum Thema ignatianischer »Unterscheidung der Geister« sei hier Kiechle (2001) empfohlen.

[27] Die Frage, inwieweit wir Entscheidungen »bewusst« oder »rational« treffen, hat Maja Storch in ihrem kleinen Büchlein über »Das Geheimnis kluger Entscheidungen« wunderbar beschrieben. Vgl. Storch (2005).

[28] Vgl. Storch (2005) 49, ebenso Gigerenzer (2008).

[29] Waldmüller (2008).

Empfohlene Literatur

Ignatius von Loyola, Geistliche Übungen, hg. von Peter Knauer, Würzburg 1999 (zitiert als »EB« mit Randnummer)

Ignatius von Loyola. Gründungstexte der Gesellschaft Jesu. Übersetzt von Peter Knauer, Würzburg 1998

Klaus Doppler/Bert Voigt, Feel the Change! Wie erfolgreiche Change Manager Emotionen steuern, Frankfurt/New York 2012

Gerd Gigerenzer, Bauchentscheidungen. Die Intelligenz des Unbewussten und die Macht der Intuition, München [4]2008

Daniel Goleman, Leadership. The Power of Emotional Intelligence. Selected Writings. Northampton 2011

Stefan Kiechle, Ignatius von Loyola. Meister der Spiritualität, Freiburg 2001

ders., Macht ausüben (Ignatianische Impulse Bd. 13), Würzburg [3]2010

Peter Köster, Zur Freiheit befähigen. Kleiner Kommentar zu den großen Exerzitien des hl. Ignatius, Leipzig 1999

Willi Lambert, Das siebenfache Ja. Exerzitien – ein Weg zum Leben (Ignatianische Impulse Bd. 1), Würzburg [3]2006

Chris Lowney, Heroic Leadership. Best practices from a 450-year-old company that changed the world, Chicago 2005

Friedemann Schulz von Thun, Miteinander reden 3. Das »innere Team« und situationsgerechte Kommunikation, Hamburg [18]2009

Maja Storch, Das Geheimnis kluger Entscheidungen, München [3]2005

Bernhard Waldmüller, Gemeinsam entscheiden (Ignatianische Impulse Bd. 27), Würzburg 2005

In der Reihe »Ignatianische Impulse« sind bisher u.a. erschienen:

Band 2: Stefan Kiechle, **Sich entscheiden**

Band 6: Klaus Mertes, **Verantwortung lernen**

Band 18: Christian Herwartz, **Auf nackten Sohlen**

Band 22: Peter Balleis, **Leidenschaft für die Welt**

Band 23: Josef Maureder, **Mensch werden – erfüllt leben**

Band 39: Klaus Mertes, **Widerspruch aus Loyalität**

Band 50: Willi Lambert (Hg.), **Von Ignatius inspiriert**

Band 52: Alex Lefrank, **In der Welt – nicht von der Welt**

Band 54: Hans-D. Mutschler, **Gemeinsam mehr von der Welt wissen**

Band 75: Wendelin Köster, **Reich-Gottes-Politik**

Band 78: Joachim Hartmann/Annette Clara Unkelhäußer, **Freude an Gott – das innere Feuer neu entfachen**

Band 80: Christa Baich / Dorothea Gnau / Christine Klimann, **Wenn wir an Grenzen kommen**

Band 81: Vitus Seibel, **Wer ist den Gott**

Band 85: Josef Bill, **Staunen**

Band 90: Willi Lambert, **Exerzitien das Leben beleben**

Band 91: Fabian Moos, **Der Zukunft eine Zukunft geben**

Weitere Informationen zu allen Bänden der Reihe finden Sie unter www.echter.de